20年の実践研究でわかった！

一瞬で金運を呼びこむ

「潜在意識」の使い方

How to use the subconscious mind

櫻庭露樹

SB Creative

潜在意識が人生を変えた瞬間

不遇の現状は「自分自身の心のあり方」を変えることでしか打破できない

「絶対にお金持ちになって、お母さんに白いお家を買ってあげるからね！」

家庭の事情でド貧乏だった私が、働き詰めの母にそう告げたのは45年も前のこと。強制的に朝刊夕刊の新聞配達を始めたのは小学校3年生の9歳の夏でした。

大人用の自転車に300部の新聞を積み込んでは、健気《けなげ》に働き続けるチビで痩せっぽちな私。1年は365日もあるのに、働かなくても許されるのは休刊日の1月2日と3日だけ。遠足のある朝も、風邪をひいて40度の熱がある日も、雨の日も風の日もめげずに働き続けました。

道ゆく人に笑顔で元気に挨拶をして、自分を奮い立たせながらも、そんな生活をしていた当時の私の小さな胸は、今にも押しつぶされそうでした。

毎日、お腹いっぱい食べるご飯もなく、みんなが持っているゲームや洋服、流行りの運動靴が手に入らないのもつらかったけれど、まだ我慢ができた。けれど、唯一の生きがいだった友人たちとの野球や、ジャイアンツに入るための秘密特訓も、夕刊を配達しなければいけないので諦めざるを得なくなったことが、何よりつらく悲しかったのを今でも鮮明に覚えています。


野球やテレビゲームを夢中で楽しむ友人たちを横目に見ながら、私の放課後は新聞配達と集金と拡張（新聞販売において、新聞社や新聞販売店とは別の組織で新聞の訪問勧誘をすること）に追われていました。

「人並みでいいのに、多くを望んではいないのに、どうして僕の家だけ貧乏でお金がないんだろう」

いつもそんな気持ちでいっぱいになってしまうほど、電気、ガス、水道も揃って使えることは稀《まれ》でした。いつも何かが私に足りない状態だったのです。

でも、そんな怒りのような心の痛みを抱えて家に帰るたびに、私の心には大きな決意が湧いてきたのです。なぜなら、1日にいくつもパートを掛け持ちして、さらに内職に励む母の背中が、あまりに小さく見えたから。

こんなに頑張っているのに、なんで生活がちっとも楽にならないんだ⁉

必死に私を育ててくれている母へ、毎月の給料日にできるだけたくさんのお金を渡してあげたい。好きな物を自由に買って、好きなことを自由に叶えて、安心して暮らしたい。

……そうだ、お金持ちになったらいいんだ！

「**お金持ちな社長に俺はなる！**」

そう決意を固め、ひたむきな日々を重ねるうちに、私には本気のスイッチが入ってしまったのです。いつしか私は商店街の人気者になりました。

お年玉をくださったり、お小遣いをくれたり、おやつを用意していてくれたりと、配達や集金に回る先で、たくさんの方々が私のことを気にかけてくれました。「お腹は空《す》いていないか」「靴に穴が空いているから買ってあげよう」などと、今思うと本当にありえないくらいのことをしていただきました。

さらには、私が少しでも稼いで家計を助けられるようにと、応援してくれる団地の管理人さんまで現れるようになりました。そのおかげもあって、新聞の配達業務や集金はもちろん、拡張や営業まで、大人顔負けにこなせるようになったのです。

結局、小学生時代に私が稼いだ総額は1000万円をゆうに超えていました。

貧乏が嫌でたまらなくて、ひもじい生活が惨めで耐えられなかった9歳の私が商才を開花させられたのは、そんな経験、体験があったからだと今はハッキリとわかるのです。

もしかしたらあの頃、そして今も、私と同じような環境で貧困の家庭に生まれ、一生懸命生きている子どもはたくさんいるのかもしれません。また、そんな環境を打破した子どもも。

あの「経営の神様」とまで言われた松下幸之助さんは、「成功するために子ども時代に必要なことは、貧乏と読書だ」と言っています。成功者が幼少期に貧乏であることは、少なくないのです。

でも、貧乏な子どもたちみんなが成功するわけじゃないですよね。その違いは一体何なのでしょうか。


私が曲がりなりにも事業を大きく安定させ維持できたのは、**自分自身の心のあり方と、潜在意識を上手に使っていた**からだと思うのです。

つまり、恨みつらみばかりを考えて嘆き続けるだけではなく、なんとかしてこの状況を打破し、絶対にお金を稼いで母親を楽させてみせると意気込んだことが、私の人生を好転させ、お金を呼び込む要因になったのです。

そうした**潜在意識には、自分の意志力をはるかに超越した、どこか神がかった力があります。**

私のこれまでの人生経験から、その力をうまく引き出せるかどうか、タイミングよく使えるかどうかが、金運を呼び込む鍵であることがわかりました。

つまり、**金運に恵まれ本当の幸せなお金持ちになれるのは、「潜在意識」を味方にできる人だけ**なのです。

私は24歳で独立してから、国内外でたくさんの事業をこなしてきました。なんの予備知識もコネもないまま起業したので、駆け出しの頃は案の定、失敗することばかり。でも、倒産寸前の危機的状況に何度か直面するたびに、なぜかいつも神様のような存在が現れてV字回復をさせてもらえるのです。その危機が収束すると、その方とは毎度、疎遠になってしまう。それはなぜかわからないのですが、いつもそのパターンで乗り切ってこられました。

決して他の方々の偉業には及ばないとしても、こうしたたくさんの学びの中で気づいたことがあります。

大きなお金に恵まれるときにはいつも、**言葉にできない不思議な力がはたらいてい**

るということです。

生まれも育ちも恵まれていたとしても、ずっと順風満帆でお金持ちでいられるとは限りません。どんなにいい環境や才能に恵まれていても、成功するかどうかの保証などないのです。いかなる好条件の中で頑張ってもお金持ちになれない人がいる一方で、特別な才能も努力もなさそうなのに、いつの間にか大成功してしまったというような人も存在します。

そして、実際に十分すぎるほどの経済力を得られてもなお、本当に豊かな気持ちで心穏やかに暮らせている人は、そう多くはありません。お金をたくさん得て派手な生活を送るようになったとしても、決して幸せとは言えないような不幸な人を私はたくさん見てきました。

お金はどう得るかも大事ですが、**どう使うか、お金の出口が最も大事**。その**持ち主の心のあり方も問われる**のです。

では、どういった人たちが金運に恵まれ、幸せなお金持ちになれるのでしょうか。金運が集まる人と、そうでない人の決定的な違いはどんなことなのでしょう。私は今までの人生で、多くのセレブやとんでもないお金持ちの人たちに出会ってきました。そんな偉人たちと話をしていると、金運を呼び込んでいる人には、ある一つの共通点があることがわかったのです。

それが、普段の自分の思考回路では思いもよらない底力**「潜在意識」を味方にできているかどうか**ということ。

潜在意識は私たちの思考や常識的感覚、意識を超えて大きな力を発揮します。現実世界に大きなご利益をもたらすのは、言葉や論理を超えた見えない力、潜在意識にヒントがありそうです。もちろんそれが、私たちの持つ運気にも直結しています。

これまで私はお金にまつわることをたくさんお伝えしてきましたが、**本邦初公開、**本書では、**私の新ネタとして、金運を呼び込むための無意識の領域、「潜在意識」にフォーカスしながら、金運ＵＰの方法**をひもといていきたいと思います。

¥ contents

第3章 潜在意識を活用した「金運脳」のつくり方

第4章 金運力を発揮する4つの神器

第5章 金運を上げるために「潜在意識の習慣」を書き換える

第6章 金運をアップさせる潜在意識の使い方

第1章

「潜在意識」とは何か？

願いが叶うかどうかは「潜在意識」が鍵を握っている

はじめに、普段は無意識のままにしがちな「潜在意識」とは一体なんなのかを明確にしておきましょう。

とはいえ、難しい話をするつもりはありません。

潜在意識とは、「無意識」とも呼ばれる本人が自覚していない領域、つまり、そもそも普段は全く気にも留めていない意識のことです。この無自覚の潜在意識と自覚している顕在意識が、私たちの頭の中には混在しています。

普段考えたり意思決定をしたりしている顕在意識だけでなく、私たちは自覚せずともこの潜在意識に大きな影響を受けて生活しています。

なぜなら、全体の意識のうち95％が潜在意識、残りの５％が顕在意識といわれているほど、潜在意識は私たちの脳で幅を利かせているからです。要するに、一般的には関心を寄せにくいこの潜在意識こそが、私たちの行動や現実のほとんどを司っていると言えるのです。

例えば、「頭ではやめようと思っているのにやめられないんですよ！」と、タバコやお酒、暴飲暴食、浪費やギャンブルがやめられないのも、絶対にやり抜こうと心に決めたはずの勉強やダイエットが続かないのも、潜在意識の仕業です。

願望実現も、才能開花も、叶うかどうかはあなたの潜在意識による本当の目的にかかっています。

つまり、そちら側を味方につけてしまえばこちらのものというわけです。

普段どんなに自分の頭で考えても思いつかないようなアイデアが浮かんできたり、突然ここに行こうと決めた旅先で運命的な出会いがあったり、あなたにもそんな経験はありませんか？　私はそんなことが日常茶飯事なので、潜在意識の力を人並み以上に使っているようです。

あなたにはまだ95％以上の未開の意識があるのだとしたら、そこを開拓しない手はありませんよね。誰にでも無限の可能性があり、自分でも気づいていない力を持っているのだとしたら……この潜在意識を味方につけた途端に、人生が面白いことになっていきそうな気がしませんか？

潜在意識の特徴

次に、私たちの現実に大きな影響を与えている潜在意識の特徴を知りましょう。
潜在意識には、次のような特徴が挙げられます。

①３６５日24時間、寝ている間もはたらき続けている
②思ったことや言葉をその通りに具現化しようとする
③善悪の区別がない
④時間の概念がない
⑤人称の区別がつかない（主語がわからない）
⑥脳内のイメージと現実の区別がつかない
⑦生まれてから現在までの必要なことをすべて記憶している

⑧繰り返されることを重視する
⑨問いが出た瞬間から、その答えを探し続ける

それぞれもう少し具体的に掘り下げていきましょう。

①365日24時間、寝ている間もはたらき続けている

潜在意識は、私たちが意識していないときでも活動しています。例えば、寝ている間も潜在意識ははたらき続けているため、夢を見ることもあるのです。

日中に経験したことや感じたことは、すべて潜在意識に記録されるといわれています。日常の体験や経験、誰かと会って交わした言葉や頭の中で考えたことのみならず、ストレスや悩み、喜びや感動といった感情も含め、すべてが潜在意識に蓄積されているのです。

これらの情報は、私たちが眠っている間に脳の中で整理されているそうです。知らず知らずのうちに、そのたまった潜在意識が私たちの思考や行動に影響を与えている

のはこのためです。

②思ったことや言葉をその通りに具現化しようとする

潜在意識は、私たちの思考や言葉を現実にしようとはたらきます。それがどのような言葉や思考であっても、口に出したり頭に浮かんだり、思ったり言葉にしたりした時点で、その通りの結果や現実を引き寄せるのです。人生は、あなたの言葉や思考の産物だと言われるのはこのためですね。

ここで大事なのは、なんとなく感じていることや思い込んでいることも知らず知らずのうちに潜在意識に蓄積されているという点です。

つまり、現実に現れてくるものは、実はあなたが思った通りのことなのです。口ではお金が欲しい、もっと豊かになりたい、と言っていても、本当の胸の内で「自分なんてどうせ豊かになれない」「お金持ちは妬まれるから嫌だ」「悪いことをしないとお金持ちになれない（だからお金なんかいらない）」という思い込みが強いときは、その通りになっています。

たとえその思いや言葉が、今の状況からかけ離れているような理想だったとしても、自分が思い描けることのすべては、叶えられるようになっています。

これは本当にシンプルですが、すごく大きな潜在意識の力で、とても大事なことです。ポジティブな思考はポジティブな結果を、ネガティブな思考はネガティブな結果をもたらすのです。

③善悪の区別がない

潜在意識は、私たちの思考や言葉をそのまま受け入れ、現実化しようとする力を持っていますが、そこには善悪の区別がありません。

つまり、ポジティブな思考や言葉だけでなく、ネガティブな思考や言葉も分別なく同等に受け入れてしまいます。この特性を理解すると、潜在意識を上手に活用するヒントが見えてきます。普段、無意識に使っている自分の言葉や思考の癖、物事の捉え方などを良いものに変えると、その通り良い現実が現れるようになるのです。

④時間の概念がない

潜在意識には善悪だけでなく、過去や未来の区別もありません。すべてが「今」として存在しています。潜在意識は、過去の経験も、未来の計画も、今現在、ここにあるものとして扱います。

例えば、過去に失敗した経験があって、それを今意識していたら、その記憶は現在の行動にも影響を与えています。潜在意識は「過去の失敗」を「今の失敗」として感じるため、同じ状況に直面したときに不安や恐怖にとらわれ、過去の時間に引き戻されてしまうようなことが起こります。

反対に、**未来の目標を強く意識すると、潜在意識はそれを「現在進行中」として認識**します。

例えば、「私は成功している」という未来の目標を現在のこととして繰り返し思い描くことで、潜在意識はその目標を現実にしている根拠を探して具現化します。これにより、現在の行動や決断がポジティブな理想通りの方向に導かれるのです。

⑤人称の区別がつかない（主語がわからない）

潜在意識は主語を認識しません。そのため、自分について語る言葉も他人について語る言葉も、同じように受け入れます。

例えば、「あの人はうまくいってよかった！」と喜んだとき、潜在意識は、あの人と自分の区別をせず、どちらも自分のこととして受け入れます。したがって、他人に対してポジティブな言葉をかけることも、同じように自分自身に対してポジティブな影響をもたらします。

反対に、他人に対してネガティブな言葉をかけると、自分も同じだけのネガティブなダメージを受けることになります。まさに、情けは人のためならず、因果応報です。

⑥脳内のイメージと現実の区別がつかない

②に共通しますが、「あなたが思い描けることは必ず実現できる」という言葉があります。まさにそれは潜在意識の力を発揮する格好のチャンスです。潜在意識は、頭の

中のイメージと現実を区別しません。だからこそ、自分がどんな理想的な未来を描くのかという、ビジュアライゼーションが効果的なのです。ビジュアライゼーションとは、目標や理想的な状態を具体的なイメージとして心の中で思い描くことです。

⑦生まれてから現在までの必要なことをすべて記憶している

潜在意識は、生まれてからのありとあらゆる体験や思考、すべての言葉を記憶しています。そのため、ふと過去の記憶を思い出すことがあるのです。これには、忘れていたような出来事や、幼少期の経験も含まれます。

また、ポジティブな経験や成功体験も潜在意識に記憶されています。これらの記憶は、困難な状況に直面したときに自己肯定感を高め、自信を持って対処するための力となります。

⑧繰り返されることを重視する

潜在意識は、繰り返し行われることを重要視します。つまり、よい習慣やよいアファメーション、よい思考をうまく使って、何度も何度も繰り返すことで潜在意識に蓄積し影響を与えられたら、すんなり理想の現実は叶ってしまうのです。

⑨問いが出た瞬間から、その答えを探し続ける

潜在意識は、問いかけられたことに対して答えを探し続けます。そのため、何かの理想を思い描いたときに、どうやったら叶うだろう、これはどんなに楽しいだろう、もし叶うとしたらどんなことをしようなどと、ワクワクとした気持ちや、健全な疑問を持つことは非常に重要です。

いかがですか？　これらの特徴を見ると、潜在意識がいかに私たちの現実に多大な影響を与えているかをわかっていただけたでしょう。

自分では想像もできないような出会いや嬉しい出来事を引き寄せるには、潜在意識の力を使えばいいのです。大きな目標を掲げて何度も思い描いたら、叶えられるまでのその道のりや方法は固執せずに委ねてしまいましょう。最善な方法は、あなたの潜在意識が導いてくれるからです。

潜在意識の特徴をよく知って、私たちが普段、何気なくついやってしまう行動や感情を意識的に変えていくことで、理想的な現実はつくっていけます。潜在意識を上手に使いこなせるようになると、私たちの人生は一変するのです。

これ以降の章では、この潜在意識と金運の関係や、どのようにして潜在意識を活用し、金運を引き寄せるのかという具体的な方法について詳しく解説していきます。

引き続きお楽しみください。

第2章

潜在意識の絶大な運呼力

なぜ潜在意識を変えると
金運がみるみるうちに上がるのか？

本当の「引き寄せ」とは何か？

幼少期にとんでもなく貧乏だった私が、どうして事業を手がけるとうまくいくのか、実は自分でもずっと不思議でした。

本書冒頭でも少しお話ししましたが、9歳のときに、家計を助けるためにやむなく始めた新聞配達では、4年間で稼いだ金額が1000万円を超えていました。

配達だけでなく、いろんな人に応援していただき、助けてもらえたのは私の天性の愛嬌《あいきょう》もあったかもしれませんが（笑）、当時、食べるものもままならなかった痩せっぽちの小さな私には、周りの人からのお情けだけでは、とても叶わなかったことを実現してこられたと思います。

私はどうやら、今までの人生の中で潜在意識をうまく利用してこられたようです。

一般的に自分の力で実現できることと言えば、自分の経験や得てきた知識の延長にあるものですよね。オリンピック選手やメジャーリーガーが大きな結果を出せるのも、それだけの才能と、ご縁やチャンスに恵まれたこともあるでしょうし、絶対的な練習量と強靭《きょうじん》なメンタルがあってこそ。当たり前のように、厳しい練習を重ねて鍛錬してきた経緯が、そこには存在するものです。

普通に生活していたら、私たちは未来に起こるであろうことを、今までの経験から想定して連想します。夢や目標を聞いたら、今までの自分の過去を振り返り、その延長線上に未来があるという前提を踏まえて考え、妥当なものを決める人がほとんどだと思うのです。

でもよく考えてみたら、私は現状がどうしても耐えられなくて、いつも、今の自分と切り離した高い目標を立てていたように思います。そう、私が求めていたのはいつも、「想定外」の未来だったのです。

今の自分から考えたら、途方もないようなことかもしれませんが、根拠のない自信だけはありました。方法はわからないけれど、絶対に叶う、とんでもない未来が来るぞ、と。

「年商13億は軽く超えるビジネスをやろう」
「絶対に自分はすごいお金持ちになってみせる」
「憧れのベンツに乗って豪邸に住む！」
「値段を見ずに買いたい物を買えるようになる」

先述のように、潜在意識は目標を決めると、それを叶える方法を勝手に探し始めます。私にとってはこのように、何度も、そして今叶ったかのようなビジョンをいつも思っているのが当たり前のことでした。

考えているだけでワクワクしてきますが、そこにたどり着くまでの行程は全くわかりません。でも今は、わからなくてもいいと思っていました。

その代わりに、いつの日か必ず叶っている未来、そんな現実を目の当たりにしたらどんなに楽しいだろう、どんなに最高の気分だろうかと妄想しては、目の前のことに集中して、精一杯頑張れていました。

そして普通は、一度や二度の失敗で諦めるものですが、目標を今の延長で考えず、未来からの逆算で想定していた私にとっては、すべてが成功に至るためのステップにすぎず、すべてが話のネタになると考えていました。実際に、講演を頼まれるようになっていろいろな体験談を語るたびに、たくさんの方に喜んでいただき、そういう方々が私のファンになってくれるのです。

こうした経緯をたどっていくと、失敗という概念すらも薄くなって、どんどん行動力が加速していきました。

そんな私は今でこそ「開運大王」などと呼ばれて摩訶不思議《まかふしぎ》な運のよさを羨ましがられるようになりましたが、きっとそれも、マインド、考え方の違いで、「潜在意識」を上手に扱ってきたことの産物ではないかと思っています。

金運を含め、「よい運を引き寄せる」と言われているように、「運を呼ぶ」というその字面だけを見たら、自力で頑張って何かを引っ張ってくるように勘違いする人はいるでしょう。しかし、無理に自分のところに引き寄せるものではないのです。

実はお金も運も人も、相手から「呼ばれる」もの。波動やタイミングがバシッと合ったら、お互いに引き合って、向こうから勝手にやってくるような状況が本当の「引き寄せ」なのです。

私は運を呼ぶと書いて「運呼《うんこ》」などと、なんともふざけたスタイルで言っていますが、本来それは誰かや何かに喜ばれて、向こうからオファー（頼まれ事）がきてはじめて発動されるのです。その頼まれ事とは、誰にでもできるようなことではありません。

「あなただから頼むんだ」
「あなたじゃなきゃダメなんだ」
「あなたにしかできないんだ」

そう言われて、お仕事をこなせるようになったらしめたものです。

頼まれ事は試され事。誰でもできるわけじゃない、あなたへの頼まれ事の延長に、あなたの使命が隠されているのです。

人生の醍醐味《だいごみ》は潜在意識が望む「想定外の世界」

これまでの私の人生を俯瞰《ふかん》して見てみたときに、やはりそのテーマの一つは「お金」であることに改めて気がつきました。

幼少期からせざるを得なかった新聞配達をはじめとする数々の仕事は、当時の私にとっては難行苦行以外の何物でもありませんでした。しかし、今の私に欠かせないビジネスセンスや、尋常ではない経験値、世界を渡り歩くためのコミュニケーションスキルは、あの日、あのとき、あの場所で始められたからこそ身につけられたものです。

そしてそれらの経験、体験のすべては、ご縁のある方々にビジネス塾でお伝えしたり、ご依頼をいただいた講演でお話ししたりと、まさになくてはならないネタとしてとても役に立っています。

そう考えると、人生に無駄なものは一つもないばかりか、むしろすべて、私自身の潜在意識があえて組み込んだ自作自演のエンターテインメントとも言えるかもしれません。

そもそも、運が開けて人生をまっとうして生きていられたら、夢や願望が叶うのは日常茶飯事。夢が夢と思う前から現実になっていく。そんな不思議な現象が当たり前のことになってくるのです。

そしてそこからさらにステージが上がると、思っても願ってもみなかったようなことが、数珠つなぎに起こるようになります。それまで自分が想像もしていなかったことではあるものの、実際には自分がやりたかったことであったり、使命感ややりがいを感じられることであったりします。そんな、まさに「想定外」の現象に出会えることこそ、人生の醍醐味ではないでしょうか。

執着やこだわりを捨てた潜在意識の領域こそ「神様に摘《つま》み上げられる人生」

我を手放した「潜在意識を使う生き方」を違う表現で言うなら、「宇宙の方程式にかなった生き方」でもあると思います。

突然「酸っぱいレモンを思い浮かべないでください」と連呼されたとしたら、あなたの頭の中は酸っぱいレモンでいっぱいになって、食べてもいないのに唾液が出てしまうようなことってありますよね。

「〇〇を避けよう」、「△△を思い浮かべないようにしよう」、と思っていると、逆にそのことばかりを考えてしまうのです。

だから大事なことは、自分が何を理想とするのかを明確にしながらも、「執着やこだわりを捨てる」ことです。

何がなんでもこれを得ようとか、何を投げ打ってでもこうしようとか、あまりに強く思い込んできたことがあるならば、一旦その負荷を下ろしてどんどん手放してみてください。最善を尽くそうという志は大切なことですが、もしかしたらそれは、あなたにとって本当の意味での「最善」ではないかもしれません。

もっといいものが、そして、もっといい出会いがこの先にあるかもしれないのに、自分の固定観念にとらわれていつまでも執着していたら、もったいないですよね。

あなたの人生は、放っておけばどんどんよくなっていくようにできています。これからも勝手によくなるようになっているのだから、その流れに安心して身を委ねることが大切です。

決して、自分の限界を自分で決めるようなことはしないでください。

小林正観さんに教わった「風が吹いているか、川が流れているか」

昔、複数の店舗経営に奔走していた私は、それからの事業展開にとても悩んでいました。

数十人の従業員がどんどん成果を出して、店長になり稼げるようにもなって喜んでくれてはいるものの、経営者の私はその業界に限界を感じて、未来のビジョンを見失ってしまっていたのです。

そんなとき、当時師事させていただいていた小林正観《こばやしせいかん》さんに相談すると、「運気の波に乗れているかどうか」という話をしてくださいました。正観さんの書籍『豊かな心で豊かな暮らし』（廣済堂出版）の言葉を、私なりに解釈してご紹介させていただきます。

「自分の希望や願望を掲げて、思った通りのものを探すのもいいですが、なんでもいいから、とりあえず目の前のことを一生懸命やるぞという生き方を選ぶことです。

そのときに吹いている風と、流れに逆らわずに生きていくのです。

これを私は、『風流な人』と名づけました。

つまり、風が吹いているか、川が流れているか、ということです。

これはおまかせの人生です。それで道が開けます。

宇宙や神は、目の前にいつも楽しい人生を提示してくれています。しかしそれをあなたの好き嫌いで左右すると、そういう提示を止めてしまいます。

『せっかくいい出来事を示してあげているのに、自分の好き嫌いで選ぶんだなぁ。乗っかってこないのだなぁ。だったら、教えてあげるのをやめよう』ということになるみたいです」

目の前のことに全力を尽くすこと自体は素晴らしいことですが、結果に執着したり、執念を持ったりしないほうがうまくいくのだと教わりました。

それからは私も、師匠にならって何があっても動じずに、「ああ、そうきましたか」と受け入れる生き方を選んできました。すべての現象を「ありがたい」「きっとこれにも意味がある」と受け入れ、素直に感謝できるそんな生き方は、私を自由に、楽にしてくれたように思います。

当時はわからずにいましたが、このものの見方、考え方を取り入れてからの変化はきっと、私の潜在意識を解放し始めたきっかけだったのではないかと思うのです。

私たちはつい、目の前の現象や出来事を、自分の頭（顕在意識）でジャッジして、損しないように、少しでも効率よくいい結果につながるように……と、「正解」を求めてしまいます。けれど、物事の結果や損得にこだわりすぎずに、私たち自身が本来持っているポテンシャル（潜在能力）をもっと信頼して、委ねてみたらいいのです。

今までないがしろにしてきた私たちの潜在意識の領域は、なにしろ意識全体の95％

以上を占めています。ついつい無意識にやってしまうこと、感情のパターン、思考のパターンは、誰でも持っているものです。

そんな未開拓の部分にスポットを当て、本書で紹介する金運アップの方法をぜひ一度、人体実験してみてほしいと思います。目の前にある小さな実践から、あなたの人生は大きく変化していくからです。

さあ、いつまでもくすぶっていないで、そろそろ本気を出してもいいのではないでしょうか？　人生はたった一度きり。人生は時間との闘いです。いよいよあなたの本領発揮の幕開けといこうではありませんか！

お金があるから幸せとは限らない！「金運がある＝豊かさ」とはどういうことか？

「お金持ちになりたい」

純粋にそう願い、この資本主義社会の荒波に揉まれて奮闘している人はたくさんいらっしゃると思います。

お金持ちになることは、幼少期に衣食住もままならず、大好きだった親友たちとの草野球も諦めて、朝も夕も新聞配達に明け暮れていた私にとって、まさに最高の憧れであり、豊かさの象徴でした。

お金がありさえすれば幸せになれる。豊かさとは人並み以上の財産を築くこと。そんな単純明快な成功法則は、誰もが一度は信じて疑わないものなのかもしれません。はじめはそんな動機で大きなことを成し遂げていく起業家もたくさんいます。

しかし、あなたの周りの人をよく見てみてください。

お金を持っていそうな人は、本当に幸せで人生になんの問題もないように見えますか？　お金を持っているにもかかわらず、健康や人間関係にトラブルを抱えて、不幸そうな人はいませんか？

しかも、宝くじが当たった人、親族の大きな遺産を譲り受けた人、玉の輿《こし》に乗れた人……と、一見「勝ち組」に躍り出たような人が、不慮の事故や病気に襲われ、家族や自分の財産や健康、命をも失うことになったり、親族や仲間と仲たがいをしたり、事業で大失敗をして大きな負債を抱えることになったりすることもよくあるケースです。

反対に、お金がそれほどないように見えても、平穏に家族仲良く幸せそうに生きている人々もいますよね。

では、金運がある状態、つまり私たちが本当に追い求めるべき「豊かさ」とは一体どういうことなのでしょうか。

具体的な潜在意識の使い方をご紹介する前に、皆さんには豊かさの本質について考えてみていただきたいと思います。

物理的な豊かさの裏にある闇

私の講演や対談、YouTube のコメント欄でも、お金に関するご相談や事後報告をたくさんいただくのですが、お金に関するネタはいつも有り余るほどにあふれています。

これまで私は、多くの成功者や富裕層と出会ってきました。彼らは経済的には恵まれており、高級車や豪華な家、自家用ヘリや船舶、不動産、金銀財宝を所有して、好きなときに好きな仲間と過ごし、自由に海外旅行に出かけるなど、誰もが憧れるような多くの資産を持ち、優雅なライフスタイルを送っています。

もちろん幸せな人もいらっしゃいますが、何不自由なく贅沢に暮らしているように見えて、実際は心の中に深い孤独や不安、満たされない思いを抱えている人も少なくありません。

ある社長は、若くして起業に成功し、億万長者となりました。大きなプロモーションが大成功し、多くの収入を得て、都心のタワーマンションの最上階に家を構え、毎日シャンパンで乾杯する仲間を集めては、マンションのラウンジやパーティールームを貸し切って宴を開いているほどでした。

しかし、彼はその成功の裏で、自社のスタッフの裏切りに遭い、仕事に追われるプレッシャーの日々で眠れない夜を過ごしていました。資金繰りがうまくいかなくなり、いつの間にか家族や自分を大切にする時間を犠牲にし、本当に親しかった友人とも疎遠になってしまいました。

SNSやメディアでも華やかに演出され、表面的には輝かしい成功者に見えていましたが、彼の実生活は常に孤独とストレスに苛《さいな》まれていたのです。

時々、彼の笑顔にかげりがあるなと思っていたので、少し心配はしていたのですが、あるとき、彼からお金を貸してくれないかと電話がかかってきました。

大金を貸すべき状況ならばその理由と、彼がどうしてそんなことになったのか気になったので、事情を聞かせてくれと言うと電話は切られ、それきり音信不通になってしまいました。

またある女性は、同じようにビジネスを一代で成功させ、華やかな生活をしていました。身につける宝飾や高額なファッションアイテムにお金を使って、友人、知人たちにも羨ましがられるほど。高級エステやスパでのリラクゼーションを楽しんでは自分にご褒美を与え、優雅な生活を楽しんでいるように見えました。しかし実際に話してみると、いつもその女性は心の奥底で焦燥感と自己価値の低さに悩んでいるように感じとれました。

彼女は外見や物質的な豊かさで自分を満たそうとしているようでしたが、心の豊かさや充足感、幸せを感じることはできておらず、広くて高級品の転がる部屋はいつも散らかり放題、汚部屋になってしまっていたのです。

もちろん、この貨幣経済の現代ではお金がないことは確かに不便であり、食事や住居、衣類、光熱費、医療費など、基本的な生活を維持するためには十分なお金が必要です。お金がないことで、ストレスや不安が増し、健康や人間関係にも悪影響を及ぼすことがあります。

私も幼少期はずっと、衣食住のままならない明日をも憂える惨めな生活に苦しんでいたので、その苦しみは人並み以上にわかっているつもりです。今でもお金がないことで感じた不安や不便、空腹、辛い思い出を忘れることはできません。

そして、毎日の新聞配達で家計を支えるために奮闘した経験から、お金の大切さを身に染みて感じました。お金があれば、最低限の生活を安定させることができ、心に余裕を持つことができるのです。

けれど、どうやらお金だけで人生がすべてうまくいくわけでもないのです。お金は確かにあると便利ですが、お金が十分にありさえすれば、すべての悩みが解決するというわけでもないのです。

目指すべき本当の豊かさとは?

では、誰もが願う豊かさの本質とはなんなのでしょうか。お金だけでは満たされない本当の豊かさとは何でしょうか。

その答えは人それぞれの価値観に基づきますが、心の充実感や満足感、人間関係の質、そして自己成長や達成感といった、お金そのものの物質的なものを超えた「目に見えない要素」に答えはあると私は考えています。

お金はそのための道具にすぎないのです。

私たちが本当に求めるべきは、お金をいかに得るか、どれほどのお金を所有できるかということではありません。お金というツールを通じて、何を実現し、誰から何を喜ばれ、いかに豊かさという感情を多くの人と分かち合い循環させるか、ということではないでしょうか。

それが大きなエネルギーとして実現されるほどに、私たちは本当の「豊かさ」を手に入れられるのです。

つまり金運とは、莫大なお金を「所有」する力ではなくて、自分に巡ってきたお金を通じて、より大きな豊かさのエネルギーを「循環させられる器量」のことなのです。

どうにか現状を打開し理想の人生を歩むためにも、「お金が欲しい！」「金運を上げたい！」と思い本書を手に取ってくださったあなただからこそ、私はこの「本当の金運」「本当の豊かさ」を知っていてほしいと思っています。

そして、あなたにとっての豊かさを手に入れるための手助けとして、具体的な実践方法を次からご紹介します。

第3章

潜在意識を活用した「金運脳」のつくり方

潜在意識が希望の未来をつくり上げる

この世は3次元の世界なので、必ず物理科学にはたらいている方程式が当てはまります。

水は高いところから低いところに流れるように、お金も、より力のあるところ（例えば経営者や大きな組織）から小さなところ（例えば従業員や下請け組織）へ流れていく仕組みになっています。

つまり物事には法則があって、原因をわきまえた上で結果が存在するのです。ということは、金運が上がる仕組みも、とてもシンプルに考えれば単純明快です。

お金が集まる人、成功者にはちゃんと理由があるということ。もし金運を上げたいのなら、自分を徹底的に「金運脳」、「金運体質」にしてしまうことです。

そのためにまずは、徹底的に自分をより大きなエネルギーを持った金運のいい状態につくり込んでしまうことが一番です。

「自分は絶対にお金には困らない」

「お金という豊かさを十分に受け取る器を持っている」

「私の豊かさによって、関わるすべての人がどんどん幸せになる」

などと、まずは明確に決断することなのです。


自分がお金持ちで十分に豊かさを得ていると思えるとき、もしそれにそぐわない現実があったとしても、潜在意識は叶えるために答えを探し続け、行動を促してくれるようになります。

目的地さえ決まったら、あとは無意識的に自動運転が始まっていくのです。

今現在の総資産が１０００円だったとしても、

「自分は所持金１０００円しかない困ったホームレスだ」

と思うのと、

「資産家で大金持ちになる超有能な自分が、所持金１０００円からスタートするゲー

す。

と思うのでは、見えている世界やマインド、行動も全く変わってくるということで

ムが始まった！」

突然ですが、ヒルトンホテルに泊まったことはありますか？　私は部屋やサービスはもとより、エントランスの香りも好きで、当時経営していた店舗にその香りを採用するほど気に入っていました。

今でこそ世界各国にラグジュアリーな空間と高級なサービスを提供し続ける、「世界のヒルトン」ホテルグループの事業家コンラッド・ヒルトン氏ですが、彼はもともと、ホテルのベルボーイをしていました。

そんなヒルトンさんがやがて大出世を果たし、世界の名だたる一流ホテルの創業者になったとき、とある記者にこんな質問をされました。

「ただのベルボーイだったあなたが、どうやってここまで成功できたんですか？」

すると彼はこう答えたのです。

「ベルボーイが成功してホテル王になったんじゃない。ホテル王がベルボーイから始めたんだ」

さすが世界のコンラッド・ヒルトン氏。私はこの名言を聞いたときにシビれました。この世界観こそが成功の鍵なのです。

もともとヒルトン氏には、自分の目標地点が明確に見えていたのですね。

「もし自分が、このホテルグループのトップになって、世界に名だたる一流ホテルチェーンを経営するとしたら」「どうしたらたくさんのお客さまに喜んでもらえる素晴らしいサービスを提供できるだろうか」と、きっとベルボーイとして働きながらも、まるでホテルオーナーのような気持ちでお客さまや他の従業員を見ていたのでしょう。

すると当然、その思いは彼の言動もさることながら、潜在意識への問いかけによって高い視座が備わってくるのです。

入っている店舗も、従業員のサービスも、高級なセレクトショップやラウンジ、内装や流されている音楽、照明の演出、どれもヒルトンブランドとして、彼が考えたイメージが現実になっている。そう思うと、本当に尊敬すべき先達《せんだつ》だと思います。

ただのベルボーイではなく、ホテル王の視座で物事を見て、目の前のことに全力を尽くすというヒルトン氏の仕事ぶりは、きっと誰が見ても光って見えたことでしょう。

目標を決めて、自分のビジョンを潜在意識に何度も落とし込み、思考や行動を繰り返していくことで、確実な結果につながるのです。

もしその目標が決まっていたなら、今、自分の身分や手持ちの資産、身なりや学歴、現状の能力などはさほど関係なく、潜在意識の無限の力によって自動的に未来に連れて行ってもらえるものなのです。

人生の最大の味方は、賄賂《わいろ》のいるヘッドハンターでも資産家の株主でもなく、あなた自身の潜在意識であることを、絶対に忘れてはいけません。

人生は、それができる人にしか上りつめることができないようになっているのです。

潜在意識に必要なのは「自分を見つめ、目の前のことに全力で向き合う」こと

隣の芝生は青くない

よりよい人生を目指そうと思うと、向上心があって行動力のある人の多くは、その答えを外に求めようとします。

書籍やセミナー、YouTubeなど、さまざまな成功哲学や著名人の教えは、リアルでもオンライン上でも、日に日に増えていて、アクセスすることが容易になっていますよね。

しかし、あまりにも多くの情報が出回る今の世の中、遠くの誰かのセミナーに行って著名人のいろんな成功哲学を学んでも、すべてが中途半端に終わってしまうことは

ありませんか?

実際に、セミナージプシーとなり、結果が出ないのに次々と散財し続けてしまう、というお悩みの相談を受けることが最近は特に多いように思います。


隣の芝は青く見えるもの。私も人生がうまくいかない期間が長かったので、人生はつまらなくてつらく苦しいものでしかありませんでした。

そういうときについつい、現実逃避をして一攫千金を狙ったり、誰かに答えを求めたり、藁《わら》をもすがる思いで自分以外の何かを求めてしまうのですよね。気持ちはすごくよくわかります。


自分以外の人やモノなどに答えを求めたら、一見解決できたように思えます。しかし、実際にはなかなかうまくいかないものです。まさに、幸せの青い鳥は遠いどこかにはいなくて、あなた自身の中にあるのです。

そして、これらの情報は、確かに多くの人々にとって役立つきっかけにはなるのかもしれません。しかし、それが本当にあなたのモノになるには「経験」が必要です。

日本の有名な実業家である松下幸之助先生も、知恵の出る公式について「知恵＝知識×熱意×経験」だとおっしゃっていました。知恵とは、知識と熱意と経験の掛け算で身につくものだと。

ただただ頭でっかちに情報を集めて並べてみても、本当のあなたにとっての成功は、あなたにしか手に入れることができません。大切にしたい価値観や答えも、あなたにしかわからないものなのです。

そのためには、目の前のことや目の前の人に全力で取り組むことが重要です。

情報の過多で見失いがちなのですが、自分自身の中に答えがあって、自分の行動や決断の先にある実践でしか私たちは本当の意味で、知恵を腑に落とせない存在なのです。

何をするにも根本的には、あなたの潜在意識と、潜在能力が発揮されてこそ、本当の幸せが手に入ります。

本来あなたが持って生まれ、自身の中にすでにある感覚や英知を見失わないでください。あなたの中にすべての答えがあります。情報過多の波にのまれそうになったら、そのような原点に立ち返るようにしましょう。

まずは、深呼吸をして心穏やかに過ごす時間を取ってみてください。そして、あなたの本当の気持ち、直感、心の声をきちんと聞いて、目の前のこと、目の前の人に全力で向き合ってみることが成幸の近道です。

今、ここの幸せを熊手で集めてみよう

日々の生活の中で、私たちは無意識のうちに
「疲れた」
「もうダメだ」
「めんどくさい」

「むかつく」

　といったネガティブな言葉を使ってしまうことがあります。

　言葉については後ほど詳しく解説しますが、これらの言葉は、著しく波動を低くし、運気を下げる原因となります。逆に、ポジティブな思考と言葉を使うことで、波動を高め、幸福感と運気を引き寄せることができます。

　想像以上に波動の低い言動は、私たちのエネルギーを低下させ、ネガティブな状態を引き寄せます。例えば、「疲れた」と言い続けることで、実際に疲労感が増し、活力が失われます。

　また、愚痴や泣き言を繰り返すことで、心の中に不満や不安が積もり、ストレスが増加します。これらのネガティブな言動は、潜在意識にもどんどんたまり、その波動にかなった現実をつくり出します。周囲の人々にも悪影響を及ぼし、人間関係の質を低下させることがあります。

　ネガティブな言動をポジティブな言動に変換するためには、思考より先に、まずは意識的にポジティブな言葉を言ってしまえばいいのです。

例えば、うつ病の人が大きく胸を開き、空を仰いで
「あ―――幸せだなあ、何もかも最高！」
「人生絶好調！　何もかも思い通りでうまくいっている！　ありがとう！」
と笑顔で、大声で言えたとしたら、それだけで体調がよくなるなんてことは実際にある話です。

まずはそう思っていなくてもいいので、行動と、口にする言葉を変えてしまうのです。

そして、未来の不安や過去の後悔にとらわれてあれやこれやと考えることなく、「今、ここ」に焦点を当てることで、現在の幸福感を見つけられて実感しやすくなります。

そのためにもまずは、五感を楽しみながらいろいろな体験を味わいましょう。

例えば、美しい景色を楽しむ、好きな音楽を聴く、美味しい食事を味わうといった、日常の小さな喜びに目を向けることが大切です。

不幸癖、貧乏癖がある人は、ついついネガティブな出来事や不平不満につながる現実を見つけては、熊手で集めてしまいがちです。

そこで、「今ある幸福を熊手で集める」というイメージを持つことで、日常の中にある小さな幸福を見逃さずに感謝することができます。

例えば、1日の終わりにその日に感じた幸福な出来事や感謝していること、自分が頑張れたこと、嬉しかった出来事などをリストに書き出すことで、幸福感が増します。また、日常の中で感じた小さな喜びを心の中でどんどん「熊手で集める」ように意識することで、ポジティブなエネルギーが蓄積されます。

今までついつい意識が向きがちだった波動の低い言動をポジティブな言葉に変換することで、ぐんぐん波動を高め、幸福感と運気を引き寄せることができます。感謝の言葉や笑い、ポジティブなアファメーションを取り入れ、今、ここに焦点を当てることで、余計なエネルギーを浪費せずに、今を全力で楽しめることにつながります。

人生の充実とは、今ここでいかに満たされているかということです。目の前の日常の中にある小さな幸福を見逃さずにしっかりと味わい、感謝する習慣を身につけましょう。「今ある幸福を熊手で集める」というイメージをいつも持つことで、どんなときにもブレずに、豊かで充実した人生を築くことができるのです。

結果に執着しない！「もっといいものが来るから、まあいいか」の精神で

「こうなったらいいな」と夢や願いを抱きながら、ついつい私たちはさまざまな物や人、価値観に対する執着を持ってしまいます。情熱を注いだ絶対に叶えたい夢であればあるほど、執着は生まれがちです。

これらの執着は、しばしば私たちの心を縛り、ストレスや不安、絶望を引き起こします。物や人、価値観に対する執着が強すぎると、他者に強制してしまったり、結果だけにこだわって過程を楽しめなくなったりしてしまうものです。

例えば、物質的にどうしてもこれが欲しい！　と何かに執着することで、その物が得られないとか、誰か他の人の手に渡ったりとか、壊れたり失われたりしたときに大きなストレスや失望、嫉妬を感じてしまいます。

また、人間関係においても、特定の人に対する執着が強すぎると、自分の思い通りにその人が行動しなかったり、期待が裏切られたりしたときに心の痛みや怒り、失望感を味わうことになります。

価値観に対する執着も同様で、自分の信じる価値観が他人に受け入れられなかった場合に、怒りやフラストレーションを感じることがあります。

そういった余計なストレスを回避するためにも、結果に執着しない心の持ち方を身につけることが重要です。

夢を持つことは素敵なことですが、それに向かう過程を楽しめていたら、できるだけ執着を手放し、結果にこだわらずに「こうなったらいいな」、「でも、そうならなくてもいいや」と思うことができるはず。

そうすれば、もっといいものがあなたのもとにやってきます。いつもそんな安心感と、ワクワク感を持つことが大切です。

「こうなったらいいな」と思いながらも、結果にこだわらずにポジティブな期待感を持っていましょう。

本来夢の実現は、叶うその瞬間よりも、過程が一番楽しく、大切な学びがあるものです。だから、求めていた答えが今得られなくても「まあいいか」と受け流すことを心がけましょう。

物質的な所有物に対しても、「万が一、この物がなくなっても大丈夫。もっといいものが来る」と安心していられることで、余計なエネルギーの浪費を回避することができます。

そうしたらあなたにとって、必然でベストな別のギフトが用意されていることを実感できます。

そんな想定外の未来を、一番楽しみにワクワクして待っていられたら、最高だと思うのです。

私の周りに、本当に大好きだった彼に振られて大泣きしていた女性がいました。しかし彼への執着を手放して「まあいいか」と吹っ切れたときに、本当に理想的なパートナーに巡り会えました。もし過去の人にしがみついていたら、誰も幸せになれなかったと思います。

「念」を入れて生きると、潜在意識があなたを運んでくれる

悩みを持つ人がやっていることの多くは、自分の利益にベクトルが向いています。勤務先で給与が少なくて不満だとか、評価されないとか、結婚相手が見つからないとか子どもが言うことを聞かないと嘆く人もいれば、食事に気をつけているのに病気が治らないとか、自分は頑張っているつもりなのに何もかも思い通りにいかないとか、さまざまです。

それらの不平不満に共通するのが、「自分目線」の「被害者意識」があるということ

と。自分は何も悪くないのに被害や損害を負っていると思い込んでいるのです。

でも、上司から見たあなたは給与分のはたらきができていないのかもしれないし、異性にとってあなたは魅力や得意技、笑顔や表現力、思いやりが乏しいのかもしれません。また、いかなる良質な健康食品を口にしていても不平不満にあふれているような人に、本当の健康に必要な栄養は吸収されず、良質なエネルギーが湧いてこないのかもしれません。

それぞれの立場でいろんな意見が出るのはもっともなことなので、いちいちその現実に、良い悪いと判断することは一旦置いておきましょう。

その上で何事においても大事なことが一つだけあるとするなら、今、あなたがやるべきことは、目の前にいる人を大切にすることです。

やるべきことがあったら、それをやればいい。仕事も結婚も健康も、今、自分の目の前のことではありません。そういうことは考えなくてよいのです。

だから、人間は「どれだけ目の前の人に喜んでもらえるか」が大切であって、その一瞬一瞬を楽しんで生きていれば、今の状況や所有物、健康状態がどうであろうと、関係がありません。目の前にいるすべての人に対して、「自分のできること」を一所懸命やっていたら、必ず誰かの目にとまるはずです。

そして必要以上に、過去や未来のことを思い悩む必要はありません。この瞬間、「今」に集中するのみです。

師匠の小林正観さんにも、「念を入れて生きる」ことを教わりました。

「念」という文字は、「今」の「心」と書きます。

「念」とは、今、目の前にいる人、目の前にあることを大事にする心のことです。

「過去」を悔やむことはなく、「未来」を思い煩《わずら》い心配することもなく、「念を入れて生きる」だけでうまくいきます。

「念」を入れた生き方は、時空や人称を超越した潜在意識の大好物。必ず「未来」につながっていくでしょう。

今、目の前にいる人を大事にする、目の前にやるべきことがあったら、ただ、ひたすらそれを夢中になって大事にやっていく——。

私たちにできるベストなことは、どんなときもただ、それだけなのかもしれません。

潜在意識を使って、神様が味方をしてくれる人になる習慣としては、人に喜ばれるように生きて、人と人の「間」で生きる「人間」になること。

1人で生きているとただの「人」で止まってしまいます。人の間で生きるということは、「自分が必要とされている」ということでもあるのです。

あなたは、「人間」の生きる本当の目的はなんだと思いますか？

欲しいものを得たり、何かを成し遂げたりすることでしょうか。愛する誰かに出会うこと？　かけがえのない体験、経験を重ねることでしょうか？

答えは一つではなく、人それぞれあるでしょう。

私の考えるその答えは、「人の間で喜ばれる存在になること」、「『ありがとう』と言われる存在になること」にほかなりません。

今このとき、目の前のこと、目の前の人に、精一杯の念を入れて生き、立ち居振る舞いや表情などによって「周りを喜ばせる」ことにつながっていれば、関わる人の心に自然と火がともります。

そんなよき影響力を投げかけ続けた結果として、周りの人があなたにとって「よき仲間」になって集まってくれるようになるでしょう。そういう人にお金も運気も味方をするのです。

主語が曖昧な潜在意識にとって、周りの人はあなたの一部であり、その人たちに投げかけるものは、あなたに投げかけているものと同じ影響力があるのです。

そうだとしたら、とことん周りの人を愛して大切にするということに、より一層のこだわりと念を込めていくことが賢明なのではないでしょうか。

あなたの機嫌は周りが決める！　ご機嫌そうな「福の顔」

私はよく、「自分の機嫌は自分で取ることが大切だよ」という話をさせていただいています。自分の波動を手っ取り早く上げるには、「ご機嫌を演出」することが一番の近道だからです。

しかし、そういう話をすると、

「すでに私は実践しているつもりです」

「ご機嫌でいるはずなのに、何もいいことがありません」

とおっしゃる方も、実は多いのです。

それで、実際その方の言葉尻や声色、顔つき、雰囲気などを見ると、正直、ムスっとしているように見えて、全くもってご機嫌そうではありません。

本人はご自身の心の中で、にっこり笑った女神の微笑みのつもりだったとしても、私にとっては何か嫌なことでもあったのか、はたまたお怒りなのだろうかと気になるくらいの顔つきの方もいらっしゃいます。

「自分の機嫌は自分で取る」ことはもちろんですが、結果としてご機嫌かどうかを決めるのは、自分自身なのではなく、あくまで周りの人であることを忘れてはいけません。

それでもご機嫌を演出すると心に決めていただけるなら、ぜひ最初の頃は、思い切って鏡を見たり、表情の動き、メイクや眉の形を研究したりして、ご機嫌そうな福のある顔を積極的につくってみていただきたいと思います。

にっこりしているつもりでも、目つきが怖かったり、口元がへの字に結ばれていたりすると不機嫌そうに見えてしまうのです。必ず「つくったら鏡で見る」ようにしてください。

私の講演会でも、あるとき最前列に座ったマダムが私の鉄板ギャグに終始不機嫌で、クスリともせずに、フルフルと怒りで震えていたことがありました。

「しまった、何か失礼なことを言ったかな、まずいな」と心配していたのですが、帰り際にツカツカっと駆け寄ってきたそのマダムが無表情で言い放ったのは、こんな衝撃的な一言でした。

「櫻庭さん、今日ね、人生で一番笑っちゃったかも。すごく面白かった！」

びっくりですよね。本当にそう思ってくれていたなら嬉しいですが、私には全くそうは見えませんでした。むしろ、何か怒っているように見えていたのですから。

それならもっと笑ってよ！　と思うのですが、ご本人は大笑いしたつもりだったそうで。

笑い話に思えますが、実際にこういうことは本当によくあるのです。

ご機嫌のときですらそうなのですから、私たちはいつも、自分自身にはもちろん、周りの人にも伝染してしまうくらい、愛嬌のある笑顔やご機嫌を振りまけるようにしていきたいものですね。

まずご機嫌を演出すると、勝手にご機嫌でいられる出来事が身の回りにあふれてくるのです。笑顔の人はもっと笑顔になれる、幸せを演出していたら、ずっと幸せでいられる――。

そうやってどんどん楽しみながら自分の波動や気分を上げていきましょう。

ここでお話ししたことを、次のページで実践してみてください。

ぐっと自分のことがわかるようになり、自分にとって大切なことや人、目の前の優先するべきことが明確になります。

今の自分を見つめるためのワーク

Q.5 今、あなたがこれから挑戦したいことは何ですか？

Q.6 何もかも理想的なあなたの周りには、どんな人がいますか？

例）・信頼できるパートナーや友人　・仕事仲間
・心から愛し合える家族　・頼りになる先輩

Q.7 理想的なあなたが、今のあなたにアドバイスするとしたら何と声をかけますか？

例）・悪友と無理に付き合わなくていいよ
・未来にはこんなにいいことがあるよ
・その執着は手放したら自由になるよ
・やりたいことをやろうよ

WORK

潜在意識を研ぎ澄ませる第一歩！

Q.1 今のあなたに何の制限もないとしたら、どんな自分で何をしているでしょうか？

例）・住んでいる家　・交友のある知人、友人
　　・大切な人　　　・仕事、趣味

Q.2 Q.1で挙げたものの中で、あなたが一番大切にしたいことは何ですか？

Q.3 Q.1で挙げたものの中で、あなたが一番幸福を感じることは何ですか？

Q.4 今、理想のあなたであるとしたら、感じられる幸福な出来事や感謝していること、頑張ってきたこと、うれしい出来事をできるだけ、リアルに書き出してみてください

「本当にやりたいこと」を目指した先に、本当の金脈は見つかる

さて、今の自分を見つめて目の前のことに全力で取り組むことの大切さについては、十分わかっていただけたでしょう。

これからいかに自分が自分の未来を創造していくのか、そしてその豊かさをいかに循環させていくのかを、きちんと理解した上で責任をもって実践していくことではじめて生まれるものが、金運と言えます。

潜在意識を上手に使って豊かさに包まれると、人は心から安心できるようになるため、余裕が生まれます。すると人は、本当の意味で自立ができます。経済的にはもちろん、精神的にも肉体的にも健全になり、人格や魂も磨かれていくものです。

偉人に人格者が多いのは、この経緯をたどっているからでしょう。

幼少期、私の家はクラスで一番オンボロでした。ガスや電気、水道のどれかが止められていたり、いつもお腹を空かせていたり……。貧乏は、当時の私にとって本当に惨《みじ》めでつらいものでした。

当時の私のように、ろくにご飯を食べられない子どもは今の日本にも少なからずいるでしょう。もちろんその現状に、泣き寝入りして愚痴っているのも本人の自由ですが、嘆いていてもなんの腹の足しにもなりません。なので私は、新聞配達のアルバイトで朝刊夕刊を配ることから始めたのです。

自分自身を人格者であるとは言いませんが、幼少期、貧乏で自立をしなくてはならない状況だったおかげで、経験値がぐんぐん上がり、自分で稼ぐビジネスセンスを体得することができました。

今もその思いは自分の原点であり、役に立っていると思っています。

貧しさを知るからこそ、豊かさの価値がわかるし、無知である自分が、自分の力で世界の叡智《えいち》を学ぼうとするからこそ、経験とあいまったその知恵が腑に落ちて力を持つのです。

そして、あなたが今、得ているお金や資産は、「今のあなたにちょうどいい」分だけと決まっています。

しかし、最も大切なのは今持っているそのお金の量やステータスではありません。使ったら消えてしまう物理的なものや、手放したら意味がなくなる肩書や社会的地位とは違った、絶対的な存在価値につながる潜在意識の中に、その答えがあるのです。

つまり大事なのは、あなたは一体「どうなりたいのか？」。そして、「どうありたいのか？」です。

あなたが自分に対して思っていることも、未来のビジョンも「イメージした通りに現実になっていく」のですから。

さあここで、私はあなたに問いたいと思います。

あなたにとって、本当にやりたいこと、ありたい姿、目指している豊かさとはなんでしょうか。

今、もしなんの制限もないとしたら、あなたが本当にやりたいことは何でしょうか？

そういう思考や問いを、あなた自身の奥深くの潜在意識にどんどんためていってみてください。自分の中でゴール設定をしている人としていない人では、まるで違う人生になっていきます。

あなたのこれまでの経歴や所持品など、過去からの延長線上にある「手の内のできること」ではなく、「本当にやりたいこと」を目指すことから、本当の金脈は見つかるのです。

「どうなりたいのか」より「どうありたいか」にこだわってコツコツ潜在意識を鍛えていく

先ほどご説明した通り、潜在意識は、物理的な状態である「どうなりたいのか」よりも、心理的な状態である「どうありたいか」という目的を掲げたほうが大きな力を発揮します。

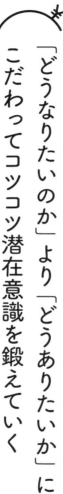

「お金持ちになりたい」
「こんな職業に就きたい」
「こんなパートナーに出会いたい」
「成功したい」
「こんな車が欲しい、あんな家に住みたい」
などと、願望や目標のほとんどは、多くの場合、何か目に見えるものを獲得したり、具体的な結果や状態になったり、評価や賞賛を得るなど目に見える形で、「何を得たいのか」、「どうなりたいのか」に焦点が当たっています。

しかし、真の豊かさや幸福感を追求するためには、「どうなりたいのか」ではなく、「どうありたいか」にこだわることが重要です。

なぜなら、あなたの想定外の願望実現にとって最も大きな力を発揮するのが、あなたに無限のチャンスを与えられる潜在意識だからです。

前章で、豊かさを追い求める人が、実際にお金を手に入れても、必ずしも心から充足感を持てるわけではないという話をしました。

さらにヒルトンさんは、

「今はベルボーイの自分がいつかホテル王になりたい」

という考え方ではなく、最初から「ホテル王になる自分であること」を徹底して仕事をこなしていました。ここに、将来的に大きな差が生じていくのです。

「お金を得たい」と思うなら、その理由が誰にでもあるものです。

ある人は、家族を養う生活費や学費、旅行の足しにしたいと思うこともあるでしょうし、また別の人は自分の家や車など、欲しいもののために使いたいと思っているかもしれません。

「どうなりたいか」という目標を掲げるときに目指すゴールとは、例えば豊かになりたいと思うなら「お金そのもの」になりがちです。

それはそれで素晴らしいことなのですが、お金自体を得ることや、お金を使って何かを購入したり、サービスを受けたりすること自体が目的なら、心の充足感はいつまでたっても埋まらないことが多いでしょう。

なぜなら、これでは「お金の価値」も「お金持ちの定義」も曖昧で、うつろいやすいものになっているからです。

また、それを得るための過程もさほど重要視されずに、我慢や無理を強いられ、楽しめないものになりがちです。

例えば「年収10億円になる」という目的を起業家のAさんが掲げたとき、潜在意識はこんな定義をします。

「ＯＫ！　年収10億円にしましょう（どうなりたいか＝年収10億円という物理的な状態は叶えましょう）。

そのためのありとあらゆる方法を探します。すべてを犠牲にするのも厭《いと》わず、何がなんでも『10億円という年収』を叶えたいのですね。

あなたの家族は病気になり離散して、友人知人はすべてあなたとの縁を切ってしまうことになっても、年収10億円が達成できるのであればそれでいいですよね」

この場合、どうありたいか（幸せという心理的な状態）はどうでもいいということになってしまいます。

本当は、「幸せに豊かであること」を目指したほうがよい人生になるとしても、どうなりたい、と頭ごなしに数字や功績ばかり考えていると、本来の目的を見失ってしまうのです。

もし最初から、豊かであること（どうなりたいか）を選択できたら、今すぐその夢は叶い、その過程もずっと豊かであり続けることができます。

つまり、人にとっては**「どうありたいか」ということが、「どうなりたいか」を超越した本来の目指す動機、意味、理由、原動力になる**ということです。


しかし、この原動力となる視座が不明確で弱いと、潜在意識があまり動かなくなってしまい、結果やジャッジにこだわる顕在意識だけにフォーカスされてしまうのです。


ビジョンボードや自己啓発セミナーで、願望実現のワークをして大きな目標を掲げて頑張っている人は多いです。

それでももし「どうなりたいか、目標を明確にしているはずなのに、なぜ叶わないんだろう」という悩みを感じているのならば、物理的にどうなりたいかは細かく思い描いていたけど、叶ったとき（またはその過程）の感情や情景を想像して、どうありたいかを**五感でイメージ**できていないのかもしれません。

ぜひそこを明確にして落とし込んでみてください。

WORK

本当にやりたいこと、
ありたい姿を見つめるためのワーク

Q.1 今、もし何の制限もないとしたら、あなたが本当にやりたいことは何ですか？

Q.2 あなたのありたい姿、目指している豊かさとは何ですか？

Q.3 Q.1とQ.2で考えた答えが叶ったときの感情や情景を五感で想像してみてください

金運のバロメーターはものの見方！言葉は無意識を表す鏡

自分が使っている言葉がわかれば自分の金運もわかる

とはいえ、いくら潜在意識が大事だとわかっても、普段は無意識であるその領域に直接メスを入れようとするのは至難の業です。

そのためまずは、自分の潜在意識に何があるのか、つまり自分の「無意識の領域」がどのような状態なのかを把握しましょう。

難しく聞こえると思いますが、実はとても簡単です。潜在意識はすでに、あなたの運気に多大な影響を与えているからです。つまり、金運のバロメーターは「潜在意識がつくる目の前の現実」なのです。それに気づくことから始めてください。

例えば私の場合は、どうしても金運を上げたくて、トイレ掃除をしたり、「ありがとう」をたくさん言い続けたりしていました。それらを実践すると、お金の悩みや困った現実、苦難がなくなっていくと言われてひたすら実践していたのです。

ただし、ここで勘違いしてほしくないのは、言葉を放つこと自体は、魔法の呪文のように目の前の出来事に大きな変化を与えるわけではないということです。もちろん、感情や状況が伴わなくても言葉を変えていくことは、金運を上げるための大切なステップです。

つまり大事なのは、「言葉を言う」という行動自体ではなく、その言葉を口にすることによって起こる作用とエネルギー、潜在意識の変化なのです。

例えば、同じ状況でも、以前なら「お金がない」「困った」「苦しい」と受け止めていた自分が、「豊かだな」「なんとかなっている」「ありがたい」と言っていることで、その感情の根拠を探し続けるようになります。ゆえに潜在意識を通して「物事を受け取る心のあり方」と「もののの見方」が変わるから、人生に革命が起こっていくのです。

言い換えると、今の自分の状況は自分の発している言葉がつくり上げています。あなたのものの見方やあなたの言葉が、そのままあなたの金運を表していると考えてください。

つまり、先に「豊かだなあ」「幸せだ」と言葉に出し続けていれば、潜在意識と脳は、勝手にそんな「現実」や「現象」を探してくれるようになります。「金運を上げるために、トイレ掃除をやらせていただきます」と素直に励んでいるうちに、うまくいくとしか思えないほどの自信につながって、本当に事業や仕事が成功してお金持ちになれたり、いいことばかり起こっていると思えたりするようになるのです。

「ありがとう」と感謝の言葉を口にし続けていると、なんだか満たされた気持ちになりますよね。自分は恵まれている、豊かである、素晴らしい存在であるという思いが潜在意識に募っていって、それが現実になっていくのです。

だから、自分の使う言葉を、よりよいものに変えていけばいくほど、「幸せ」とは、

「なる」ものではなく「気づくもの」だということを体感していけるのです。

開運は実践学！　言葉を変えれば潜在意識が金運を変えてくれる

潜在意識が金運アップに密接に関わっていることを示すために、開運は実践学であることを提唱している私自身の体験談をお話しします。

忘れもしない、開運を意識し始めた20年前。年商が10億円を超えていた私でも、常に臨時出費がかさんでいて、お金の悩みは尽きませんでした。

その状況をなんとか改善したくて、私がはじめに意識したのは自分の言葉選びです。なぜなら、先ほどご説明した特徴から考えても、口から出る言葉を肯定的なものに変えることは、潜在意識に相当な変化をもたらすことがわかるからです。

当時の私はたくさんの従業員を抱えていましたが、かなり怖い存在だったように思います。従業員に対しての配慮もなく、彼らからどう思われているのかすら全く気にもかけていなかったので、かなりの「塩対応」をしてしまっていたと思います。

みんな、そんな私を恐れていたのでしょう。たやすく話しかけられることもなく、一緒に食事をとったり、ましてプライベートな相談をされたりすることも、私からねぎらいの言葉をかけてあげることもなかったように記憶しています。

というのも、当時は資金繰りや取引先との商談のことで頭がいっぱいで、とにかく余裕がありませんでした。いつもピリピリしていたし、何かに怒っていて、触るものすべて傷つけてしまうようなギザギザしたハートの持ち主でした。いつも不機嫌で、口を開けば不平不満、愚痴、泣き言、悪口、文句のオンパレード。思いやりのかけらもなかったと思います。


そんなところからのスタートではありましたが、立て直すからには全力で振り切ろうと決意。

まずは、うまくいかない現状を打破するべく、金輪際、あらゆるネガティブな言葉を一生使わないことを心に誓い、口から出る言葉を徹底的に変えていきました。するといつの間にか、不満や愚痴を言いたくなるような現象が起こらなくなっていったのです。

言葉を変えると思考も変わっていくので、無意識レベルで否定していたことや、見下していたことも次第になくなっていったのです。そして気づけばあんなに悩んでいた臨時出費もピタッと止まり、むしろ年商は倍増していくことになったのです。

このように、潜在意識にはとてつもない影響力があります。これほどまでに強力な運を呼び込む力を使わないのであれば、金運を上げることも難しいでしょう。

第5章で、実際に言葉をどう変えていくのか、具体的に紹介します。

第4章

金運力を発揮する4つの神器

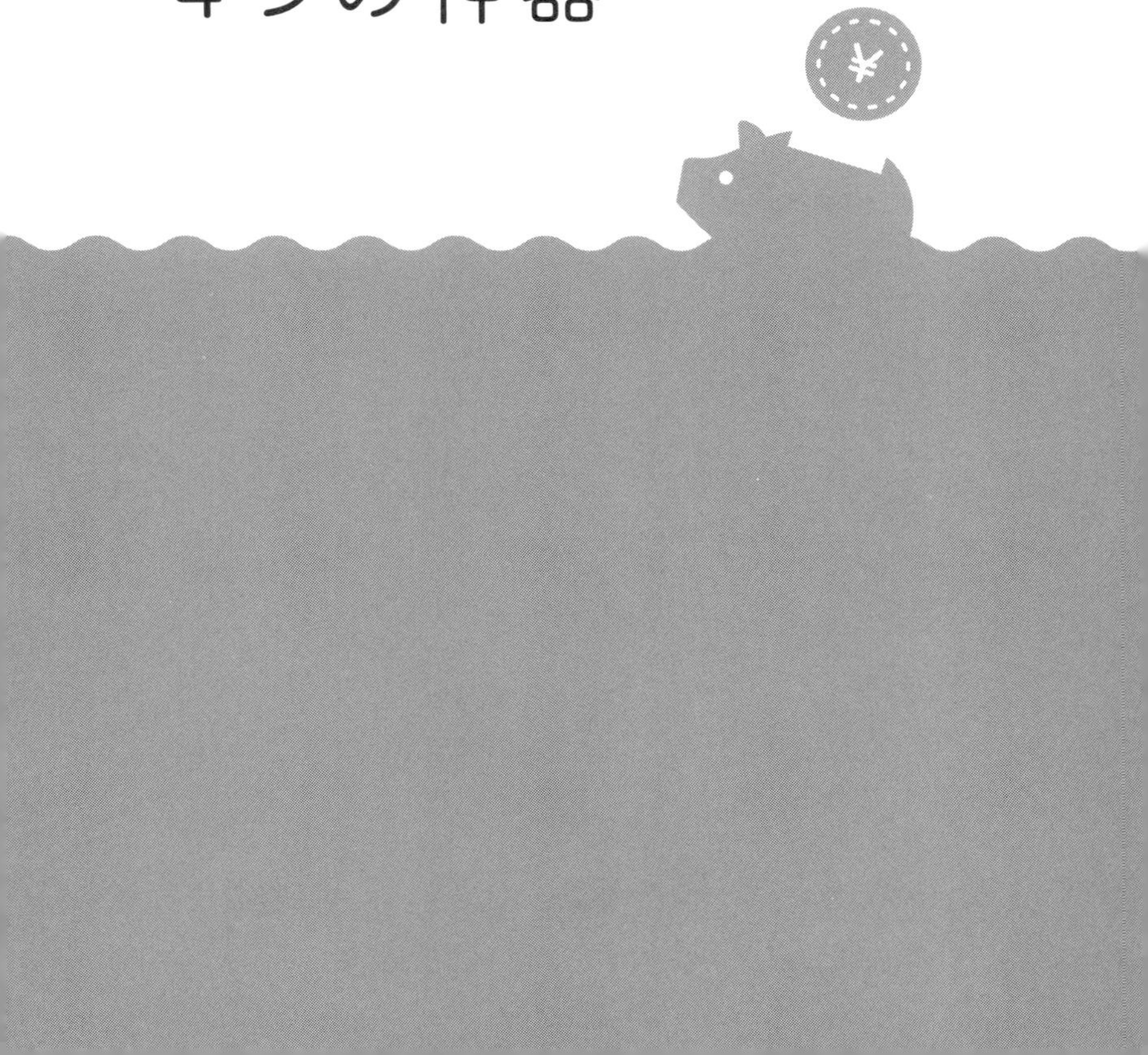

ポイントは「掃除」「笑い」「感謝」の、そわかの実践！
金運を呼び込む潜在意識のつくり方

言葉が自分の潜在意識、さらに金運を変えていくというのは理解していただけましたね。

ここでは、言葉以外の面で、どのように理想的な潜在意識をつくり上げていけばいいのかを具体的なステップに沿って簡単に説明します。

私の師匠の小林正観さんは、神様が一番好きな行為は「そわか」、掃除、笑い、感謝だと教えてくれました。

①掃除（環境を整える）
②笑い（ご機嫌の演出）
③感謝（「おかげさま」に気づく）

いかがですか？　意外にも、難しいことは一つもなく、日常生活の「当たり前」の習慣の中にヒントがたくさん転がっているのです。

それぞれ細かく見ていきましょう。

①掃除（環境を整える）

目に見える環境を積極的に変えることは、潜在意識をつくる上でも大切になります。

あなたの潜在意識は、目にしたもの、体験したものをすべて覚えています。しかも、その回数が多いほど、どんどん記憶は蓄積されていきます。つまり、あなたの周りの環境から影響を受けた潜在意識があなたをつくり上げるのです。もし、あなたが過ごす家の中の風景が、殺伐としていて置いてあるモノがあまりに多すぎてごちゃごちゃしていたら、あなたの思考や見た目も同じようになってしまいます。

人生の中で自分にとって大切で、本当に必要なものを大事にしたいのなら、いらないものは捨て、いつも自分が身を置く環境を綺麗に整えておくことが、最優先すべきことです。

また、できる範囲で構いませんが、街中や公園、海辺などのゴミ拾いをすることも、あなたの潜在意識をよりクリアで、いい状態にしてくれるのでおすすめです。

②笑い（ご機嫌の演出）

「ねえ、大王！ 聞いてくださいよ。最近ホントいいことなくて」

時々マダムからこんなご相談をいただいて思うのですが、そういう方に限って、不機嫌そうにブスッとした顔をしています。もともと美人なのに、顔が不満げになっていたらもったいないですよね。ここで大切なことを言います。人生はあなたの顔がつくるのです。あなたの表情で決まるのです。

いつも笑顔でニコニコしている人は、大体、元気で余裕があって、「私にはいいことしかない」と嬉々としています。見るからにご機嫌で、幸せそうな顔をして笑っていられると人に好かれるし、仕事も任せやすいので頼りにされるというわけです。笑顔が、自分に幸せとお金を運んでくれるのですね。

いいことがないのは、あなたが普段、無意識でやっている表情や立ち居振る舞いに問題があるのかもしれません。

こうした原理を知っているから、私は運気がイマイチ冴えないときに**意味もなく1分間の大爆笑をする**ようにしています。

あなたは今、この瞬間にどんな言葉や表情をしていますか？　あなたが放つものが、宇宙から受け取るものになります。今のあなたが投げかけたもの、言葉、表情、エネルギーは、その通りに具現化し、適宜、時間差を経てあなたに降りかかってきます。

「もしあなたが笑える出来事に出会いたかったら、先に笑顔で待っていなさい」

そんな言葉をあなたに贈ろうと思います。だから鏡に向かって自分を褒めたり体をさすって自分をねぎらってあげたりすると、自然と笑顔があふれ、あなた自身もますます素敵に、元気になっていくのです。常にあなたの実践が先、現象は後からついてくるのです。

③感謝（「おかげさま」に気づく）

この宇宙には幸も不幸もなく、その現象自体はニュートラルだ、というのはよく聞く話だと思います。

一見不幸だと思われる災難、苦難に遭ったとしても、「そのせいでこんなひどい目に」とか「どうせ私は不幸だからダメなんだ」と文句を言うこともできますが、「あの出来事があったおかげで」「その出来事があったからこそこんなことに気づけて、こんな人にも出会えました」などと感謝することもできるのです。

人生、生きていたらいろいろなことがありますが、その中で、いかにたくさんの感謝を数えられるかが人生を有意義に、幸せにしていける鍵なのではないでしょうか。

感謝の目を持って物事を見ていくと、「ありがたいな」という思いや「おかげさまだなあ」という気持ちがどんどん潜在意識にたまっていきます。そうやって自分の周りに幸せなことしか起こらないと感じるフィルターをかけていくことが、運気を上げる秘訣《ひけつ》とも言えます。

また、特におすすめなのが、お釈迦様が強く推奨した感謝の儀式「六方拝《ろっぽうはい》」。このルーティーンは朝の1分でできる最強ルーティーンです。日々の実践が習慣になったとき、あなたの人生に奇跡が起きるかもしれません。

「六方拝」とは、古代インドの伝統に由来する、六方に向かって感謝と敬意を示すための儀式です。感謝のルーティーンに最もおすすめの朝の儀式です。ぜひ実践してみてください。

やり方は次の通りです。

①静かな場所を選ぶ（礼をする前に深呼吸をして心を落ち着けます）

②六方の設定

六方とは、東、西、南、北、天、地の六つの方向を指します。

それぞれの方向に向かって手を合わせて深く礼をし、感謝や敬意を示します。深い感謝の気持ちを心に念じながら行いましょう。
東：両親や先祖
西：友人や仲間、兄弟姉妹
南：教師や教育に携わる人々
北：配偶者やパートナー、家庭内の人々
天：神仏や宇宙、自然の力
地：地面や大地、足元を支えるもの
③最後にもう一度深呼吸をし、心を落ち着けて終了する

この儀式が習慣になったら、自然と、自分の周囲の人々や環境への感謝があふれる日常になります。

ここまでご紹介したことを踏まえて、次からは金運力に必要な神器を4つご紹介します。

これが揃うとまさに、鬼に金棒です。

金運に不可欠な４つの神器①

ご機嫌力

１日の始まりを、あなたはどんな気持ちで迎えていますか？

起きてすぐに疲れの抜けていない体に鞭打って、ついつい不機嫌になっていませんか？　朝起き抜けからネガティブな気分で１日を始めると、その日の行動や思考、金運にも悪影響を及ぼします。

そこで、朝のルーティーンを笑顔と感謝で１日を始めるものに変え、潜在意識に徹底的にご機嫌な自分を落とし込んでいきましょう。

金運を上げるためには、１日のスタートは笑顔と決まっています。起きたらすぐにニッと笑うのです。抜けない疲れ、忙しさやストレスが原因で不機嫌になることは少なくありませんが、実はそれも１日のはじめが肝心なのです。

睡眠不足や睡眠障害も、時間が短いというより、ぐっすり眠れていない精神的なストレスが原因なことも多いです。それは、朝の目覚めがスッキリ、クッキリとしていないからです。なかなか疲れが抜けない、ストレスが多すぎると感じているなら、騙されたと思って、まずは起きてからすぐにカーテンを開けて、太陽をいっぱいに浴び、バンザイをしながら大笑いをしてみてください。

そうして、朝から今までにない大爆笑をしてみたら、あなたの潜在意識が違和感を抱きます。他にも、起き抜けに外に出て、ほんの10メートルでもいいので全力疾走してみるとか、HIIT（High-Intensity-Interval-Training の略で、高強度の運動と休憩を短時間のうちに繰り返すトレーニングのこと）という運動を3分間だけやってみるなどが、本当におすすめです。

つまり、望む未来に近づきたいなら、実際に体を動かして、半強制的に行動に移してしまうことが肝心なのです。そうすることで、潜在意識と現実にバグが起こるようになります。

「あれ、この人はいつもの不機嫌じゃなくて、ものすごくご機嫌らしいぞ。その理由は何だっけ？」

「おかしいな、不健康のはずが、元気なようだ。健康で大爆笑する根拠は……」

というように、先にご機嫌だったり元気でいたりする現実をつくってしまったら、ご機嫌の理由、元気な根拠となる現実があなたに降りかかってくるようになるのです。

意味もないのに笑う、根拠がないのに信じる――。こうした、一見アホらしいような小さな積み重ねや実践こそが、大きな変化につながります。

これは、私自身が誰よりも人体実験してきたので間違いありません。

人間力

「魅は与《よ》によって生じ求《ぐ》によって滅す」という言葉があります。この言葉は、無能唱元《むのうしょうげん》さんという作家の説いた「人蕩術《じんとうじゅつ》」です。

わかりやすく説明すると、「その人の魅力は、他人にできるだけ与えることによって高まり、自分の欲望のままに、自分だけ利益を得よう、相手からもらおうとばかりしてしまう（求める）ことによって低くなる」という意味の名言です。

つまり「魅力」は、周囲の環境や他者の役に立とう、「与」えようとすることによって生まれる。反対に、過度な欲望に駆られ、自分だけが得をしたい、何かを少しでも多く得たいと「求」めることばかりに偏ってしまうと、減滅することを表しています。

私たちが抱える邪念や苦悩の多くは、自我の強欲や執着から生じています。自己中心的な欲望を手放し、感謝の心を持つことで、その人はいつも誰かや何かのために思いやりを持てるようになります。

「与える者は与えられる」のが世の常。そういう人に運も味方をするし、魅力がどんどん増していくのです。お金はサービスや喜びの対価として支払われるエネルギーです。魅力のある人が大きなお金にも恵まれる人であることは自明でしょう。

そして、自分がしてもらったこと、いただいたものには「恩」としてきちんと感謝を忘れないでいることも重要です。受けた恩義は石に刻むようなつもりで、ずっと感謝の気持ちを忘れずに、恩返しをしていくこと。そして、今度は自分が与えていける存在を目指す志が大切です。

反対に、他人に対して自分がやってあげたことには執着せずに見返りも求めず、感謝とともに手放してしまいましょう。

こうすることで、いつも豊かさの源泉掛け流し状態でいられるようになります。魅力ある人からはどんどんエネルギーが湧いてくるとはこういう理論です。

自ら他人に与えるものは、巡り巡って他人からもっと大きな利子がついてかえってくるようになっているのです。これを私は、「宇宙は律義な無限大返し」と呼んでいます。

この好循環の無限ループの中にいられるようになったら、お金に困ることはなくなります。もしまだ経済的に不安や困難を感じている人がいたら、そのループに入れるように意識を変えてみてください。

宇宙は律義な無限大返し!

金運に不可欠な４つの神器③

全捨離力

現代社会で私たちは、必要以上に多くの物に囲まれて生活しています。物質的な豊かさは一見すると豊かな生活の象徴のように思えますが、実際には過剰な物の所有が私たちの心や運気に悪影響を与え続けているのです。

いくつかの弊害があるので、具体的に紹介します。

まず、物が多すぎると、家の中が雑然とし、整理整頓が難しくなります。これにより、思考もごちゃごちゃしてしまい、精神的なストレスが増し、心の平安が失われてしまうのです。

また、本当に必要な、今すぐ使いたい物を探すのに時間がかかって、それを管理、維持するための時間やエネルギーの無駄遣いが起こってしまうのです。結局、本当に大切なことに集中できなくなる環境に身を置いてしまいます。

エネルギーの流れが滞りやすくなるのも、大きな弊害の一つでしょう。風水や気の流れの観点から見ても、家の中にエネルギーがスムーズに流れることは重要です。物であふれかえった家では、エネルギーの流れが滞り、運気が低下する原因となります。なくてはならないものは、家の中のほんの2割にすぎません。つまりそれ以外の残り8割とは、なんとなく不安や惰性でため込んでしまった物ということです。

そのため、感謝しながら不要な物を捨てることで、「全捨離®」の実践を通じてあなたの本質や才能が開花していきます。私の提唱する「全捨離®」を紹介しましょう。

不要な物をじゃんじゃんバリバリ、感謝の気持ちを持ちながら手放すことで、心と空間を整える方法です。

全捨離®を実践することで、物質的な余分な負担を取り除き、心の平安と新たなエネルギーを呼び込むことができます。新しい出会いやチャンスを得るには、スペース(余白)がいるので、全捨離®はその意味でも格好の実践方法になります。

不要な物をすべて手放す全捨離®を通じて物質的な余分を取り除くことで、本当に大事なものだけに焦点を当てることができます。

「本当に大事なもの」とは、物質的な所有物だけでなく、仕事やご縁、人間関係、自己成長など、内面的な価値も含まれます。

セレブの家には物が少なく、スッキリとした空間が広がっている理由は、物質的な豊かさを手に入れた人々が、本当に大事なものだけに焦点を当てているからです。それが潜在意識の表れとしてあからさまなのは、言うまでもありません。その人の存在する環境は、潜在意識にも多大な影響を与えていることを理解しているのですね。

掃除が苦手な場合でも、定期的にプロの業者に頼んだり、毎日少しずつ綺麗に保てるような工夫をしたりすることで、いい環境を保てるようになります。

私たちも「全捨離®」を実践し、本当に大事なものを大切にすることで、心の平安と豊かさを手に入れ、新たな金運を引き寄せられるのです。

金運に不可欠な4つの神器④

運呼体質＝金運体質

現代社会では、多くの人々がストレスや不安を感じながら生活しています。仕事や家庭、社会的なプレッシャーが原因で、ストレスがたまりやすくなることは避けられません。

そんな中で、ストレスや不安を解消するためや、他の人と比べたり、巷《ちまた》の情報に翻《ほん》弄《ろう》されて必要以上に物を買ったり浪費したりしてしまうのでしょう。

なぜ無駄遣いにつながるのかと言うと、ストレスや不安を感じると、一時的にその不快な感情から逃れるために、物を買って安心するという一時しのぎになるからです。新しい物を手に入れること、サービスを受けたり美味しい物を食べたりすることで、本能的に、一瞬の満足感や安心感を得ることができます。

しかし、その満足感や安心感はあくまで一時的なものであり、根本的なストレスや不安の解消にはならず、反対にさらなる無駄遣いが重なることにもつながりかねません。これは、依存症の初期段階でもあります。

そして、日々ストレスや不安ばかりを感じて生活していると、金運は逃げていきます。金運は、ポジティブな潜在意識を持っている人に引き寄せられるからです。健全なストレスをきちんと認識しながら上手に対処する健康なメンタル、安心感と実践力を高めることで、無駄遣いを防ぎ、金運を味方につけることができます。

だからこそ、そんなストレスに負けないためにも、日常生活の中でできるだけリラックスをして心と体の緊張をほぐし、ストレスを解消することが必要です。おすすめな行動を紹介します。

・自然の中を散歩したりジョギングしたりして定期的に運動する
・趣味に没頭する

・マッサージや入浴、アロマセラピーなどでリラックスする
・自己肯定感を高めるアファメーションをする

私はよくジムに行くのですが、筋トレやジョギング、ヨガなどの定期的な運動も、ストレス解消に非常に効果的です。運動を通じて汗をかくので浄化にもなりますね。運動によって、エンドルフィンと呼ばれる幸福ホルモンが分泌され、気分が高まります。ウォーキング、サイクリング、ダンスやストレッチなど、自分に合った運動を続けることで、心身の健康を保ち、ストレスをため込まない習慣を身につけられます。

もちろん、十分な睡眠や栄養補給も大事です。

また、趣味や好きなことを楽しむことで、ストレスを軽減し、気分をリフレッシュできます。絵を描く、音楽を聴く、料理をするなど、自分が楽しいと感じる活動に時間を使うことで、心のリラックスを促進し、ストレスを解消することができます。気の置けない友人、知人、家族との団欒《だんらん》も楽しんでください。私は大好きな旅行、プロレス観戦や映画鑑賞もとてもよい気分転換になっています。

また、自己肯定感を高めるアファメーションもおすすめです。

こうしてポジティブな思考や生活習慣の改善をすると、生活に余裕が生まれてくるようになります。

余裕が生まれてくるということはつまり、実際に金運が高まっているということです。そうすると自分にも周りにも優しくなれます。自然と自信もつき、自己肯定感も育てられるので一石二鳥なのです。

「運呼体質」は、金運を上げる上で欠かせないものです。この運呼体質は、ポジティブな潜在意識でつくり上げられます。日々の生活の中で培われるので、ぜひご紹介したことを実践して養っていってください。

心のリラックスで余裕を生んで
金運呼《きん・うん・こ》体質に…！

第5章

金運を上げるために「潜在意識の習慣」を書き換える

金運を引き寄せたいと願うなら、まずはこれまでの習慣や考え方を見直すことが不可欠です。そこから、いらないもの、よからぬモノを手放していきましょう。

そのためにまずは、ついつい習慣になっている「金運を下げる悪習慣」にメスを入れていきたいと思います。

すでにご紹介しましたが、潜在意識には、私たちが無意識のうちに繰り返している思考や行動が深く刻み込まれています。今、お金に関する悩みや問題を抱えているならば、必ず何かの原因があるものです。しかし、そのほとんどが、自分にとっては日常に溶け込みすぎていて、あえて意識してみないと気づけない悪習慣であることがほとんどです。

考え方、思考の癖、物事の捉え方、思い込みなど、気づかないうちにそれらが金運を遠ざける原因になっていることがとても多いのです。

そのためこの章では、金運を遠ざける潜在意識的な習慣を変えるための、具体的な方法について紹介します。

潜在意識書き換えポイント①

ネガティブな言葉を使う習慣

第3章でも少しお話ししましたが、金運を遠ざける大きな原因の一つは、ネガティブな言葉を使う習慣です。

「私はできない」「無理だ」といったネガティブな言葉を繰り返すことで、潜在意識にそのメッセージが深く刻まれてしまいます。そしてそもそも、そういう言葉が口癖になっている人は、普段から思考回路や思い込みが、無自覚のうちにネガティブに偏っていることが多いものです。

私自身、35歳と8カ月のときに師匠の小林正観さんに出会うまで、自分の口から出ている言葉に無関心でした。そのため、正観さんに、

「あなたの口から出るその否定的な言葉を、肯定的なものに変えてみてはいかがです

か？」

と言われて常に自分が発する言葉に意識を向けてみると、普段から自分がどれだけ不平不満や愚痴、泣き言、恨みつらみばかりを言っていたのかを思い知りました。

しかも、そういうことが口癖になっていると、その言葉の根拠となる嫌な出来事にばかり関心がいってしまうものなのだということにも、衝撃を受けたものです。


例えばあなたは、こんなことをつい言ってしまっていませんか？

「お金がないから諦めよう」

「自分には稼ぐ能力も人脈もチャンスもない」

「どうせ何をやっても仕事はうまくいかない」

「せっかく稼いでもすぐに使い切ってしまう」

「私には金運が全くない」


潜在意識は、口から出てくるその言葉を現実化しようとはたらくため、その言葉通りに実際にお金に困る状況や成功しない状況を引き寄せてしまいます。とても怖いことだと思いませんか？

反対に、「私はできる」「成功する」といったポジティブな言葉を使っていれば、潜在意識にもポジティブなメッセージが伝わり、自信や前向きな気持ちが芽生えます。聖書にもありますが、まさに「はじめに言葉ありき」なのです。

言葉を通じて潜在意識をポジティブに転換していくことができ、潜在意識にたまったいい言葉のエネルギーが嬉しい現実をつくってくれます。

言葉を変えるといつの間にか現実が変わっていくのは、このためですね。だから、言葉を変えるだけで自分自身の成長や幸福感を高めることができるのです。

習慣を変えるためには、まず自分の口から出る言葉に注目してみてください。最初は意識して、自分が普段何を言っているのか客観的に観察してみることから始めましょう。

また、ポジティブなアファメーションを使うとか、言霊《ことだま》（ありがとう、愛してる、幸せだななど）の力を借りることもおすすめです。そうして、愚痴や泣き言、不平不満などの否定的な言葉を避けることを心がけましょう。

いつも無意識で言っている言葉の中に、あなたの人生のヒントが必ずあります。ネガティブな言葉を使う自分に気づいたら、大きな収穫です。それを、その場でポジティブな言葉に置き換えて考えてみたらいいのです。

先ほどのネガティブな言葉を使って置き換えてみましょう。

①「今、お金がないから海外旅行は諦めよう」

←

「海外に行くお金が巡ってくるために、どんな準備をしようかな」

「近いうちに私は豊かになるから、どこの国に行こうかな」

「根拠はないけど、絶対に海外旅行できる気しかしない！」

②「自分には稼ぐ能力も人脈もチャンスもない」

←

「私はすでに稼ぐ能力と才能に恵まれていて、多くの人脈に支えられている」

③「どうせ何をやっても仕事はうまくいかない」
←
「私には必ず成功する仕事しかこない」
「どうせ、何をやってもうまくいく！」

④「せっかく稼いでもすぐに使い切ってしまう」
←
「お金は循環していることが自然の姿。お金が欲しいのならば尚更、使うことにポジティブであるべき！」
「せっかく稼いだお金だから、みんなで分かち合って豊かさを循環させよう！」
「お金はエネルギーだから、使うことでさらなる豊かさを引き寄せられる」

⑤「私には金運が全くない」
←

「今生きているすべての人に金運がある！」
「金運は、環境や考え方、行動、習慣が整えば自然と引き寄せられるものだ」

このように、ネガティブな言葉をポジティブな言葉に置き換える習慣を繰り返してみてください。そうすることで、潜在意識にポジティブなイメージが刻まれ、その言葉が現実になる根拠をどんどん創造していけるのです。

日本では「言霊」というのが昔から重要視されているように、言葉の力とは本当に強烈なものです。繰り返し自分の言葉を自分に言い聞かせていくだけで、勝手に金運を引き寄せる力が強化されていきますよ。

さあ、左ページのワークで、いつもあなたが無意識のうちに使っていたネガティブな言葉たちを、ポジティブな言葉に言い換える練習をしてみましょう。そして必ず、それを習慣化してくださいね。

WORK

ネガティブをポジティブに！
言い換え練習

① 自分が日々口に出してしまっているネガティブな言葉を列挙してみましょう

② ①で書いたネガティブな言葉を、ポジティブな言葉に変換してみましょう

潜在意識書き換えポイント②

自己否定的な思考パターン

言葉を変えれば思考も表情も自ずと変わっていくものですが、口に出さない思考ももちろんありますよね。自己否定的な思考パターンも、金運を遠ざける大きな原因です。


「私は価値がない」

「成功するには才能が足りない」

「俺なんてどうせ無理」

といった自己否定的な思考は、潜在意識に深く影響を与え、自信を喪失させます。

「チャンスの神様は前髪しかない」と言いますが、本当にいいことやチャンスは誰にでも平等にあるのです。それなのに、このような悪い思考パターンを持っていると、実際に目の前にチャンスが訪れたときに気づくこともできません。たとえ目にしたとしても積極的にそれを摑むことができず、金運を遠ざける結果となります。

この思考習慣を変えるために、自己肯定感を高めるためのアファメーション（なりたい自分を手に入れるための自己宣言）を行いましょう。毎日、

「私には価値がある」
「私は成功する才能を持っている」
「私には無限の豊かさを生み出す力がある」

といったポジティブなアファメーションを繰り返します。また、自分の成功体験やポジティブな成果を振り返り、それを記録することで、自信を持てるようになります。

こうした積み重ねによって自然と自己肯定感が高まることで、潜在意識にポジティブな思考がたまり、金運を引き寄せる体質になっていくのです。

WORK

自己肯定感を高めるための「自分ノート」

① 今までのあなたの人生の中であった、成功体験やポジティブな成果を自由に書いてみましょう

② ①で書いたものを一言に集約してみましょう。それを、毎日のアファメーションに活用してください

潜在意識書き換えポイント③

不安や恐怖にとらわれる習慣

今までと違う考え方や言葉を使うときには、不安や恐怖を感じることがあります。習慣というのは、いいものもよくないものも一度身につけてしまうと、新しいものに変えるときに何らかの抵抗感があるものです。

金運をよくしたいと願っているのに、
「今まで体験していないことをするのは不安だ」
「失敗するのが怖い」
「お金がなくなるのが不安」
「リスクを取るくらいなら今まで通りでいいや」
といったあなたの思考が、行動することを制限してしまって、いい変化への道を阻むことも少なくありません。こういった不安や恐れが、せっかくのチャンスを逃す原因となってしまうのです。

それは変化を嫌って命を守ってきた本能的な潜在意識のはたらきでもあるので、当たり前の心の動きです。

この習慣を変えるためには、「たとえそれが自分にとっていいことであっても、新しいことをするときには不安や恐怖を感じるというのが、健全な証《あかし》なのだ」という認識を持っておくことも大切です。

その上で、心穏やかにポジティブな言葉や思考を上手に扱って、成功や豊かさを具体的にイメージすることで、不安や恐れも消え、あなた自身の潜在意識にポジティブなメッセージを送り込むことができます。

ここまで行ってきたワークを最大限活用してください。

潜在意識書き換えポイント④

感謝の欠如

感謝の気持ちを忘れてしまうような習慣も、金運を遠ざける原因となります。感謝の気持ちを持たずにいると、潜在意識には不足感や不平不満が刻まれ、それが現実に反映されてしまうからです。

そのため、いつも誰かや何かに、

「ありがたいなあ」

「幸せだな」

と、感謝の気持ちを持ちましょう。そうすることで、潜在意識には豊かさや満足感が刻まれ、ますます金運を引き寄せる力が強くなっていきます。

当たり前のことに感謝できる習慣を身につけるためには、毎日、感謝すべきありがたいことを書き留める感謝のリストを作成し、それを見返すことで、感謝の気持ちを深められます。

ぜひ、ご自分の好きなノートなどに、自由に書いていってみてください。

また、日常の中で感謝の気持ちを口に出して表現することも大切です。

例えば、食事をする前に

「すべての食材に感謝します」

「体の細胞を元気にしてくれてありがとう」

「貴重な命に感謝していただきます」

などと心から思って口にする習慣を持つことで、感謝の気持ちが言葉と一緒に自然と湧き上がり、本当にありがたいという思いが深まります。

潜在意識書き換えポイント⑤

行動に移さない消極的な行動パターン

何に対してもネガティブに消極的な行動パターンを取ってしまうことはありませんか?

せっかく運気をよくしたくて私の講演会に来てくださったとしても、

「面白かったなぁ」

と帰路につき、実際は何も実践しない人が残念ながら8割です。

実際にそういう方に、「まずはトイレを綺麗にしてみたらいかがですか?」と提案してみても、

「でも汚いトイレに手を入れるなんて菌がいっぱいで危ないですよね」(※私は素手でのトイレ掃除を推奨しているわけではありません。綺麗になればブラシでもなんでも使っていただいて構いません)

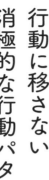

「どうせやっても何も変わらないでしょう」

というやらないための言い訳のオンパレードです。

また、物を手放す全捨離を提唱したら、

「家族が反対するから無理なんですよね」

「そうは言っても、せっかく買ったし、いつか使うかもしれないので捨てられません」

「時間にもお金にも体力にも余裕がないので、そのうち考えます」

このように言って何もしないままです。

私にとって、このようなセリフは「やりたくない」という言葉そのものであり、滑稽にすら聞こえます。「だから、人生が好転していかないんだよなぁ」と思うわけですが、そうした人は実際に、その言葉通りになっています。


金運を遠ざけるのは、周りの誰かの言葉や、出来事や環境のせいではありません。

今の現実をつくっているのは、いつもどんなときも、あなたの思考の癖、そしてそれが無意識にたまっている潜在意識の仕業なのです。

普段からこのような消極的な考えを持って行動している人は、一世一代のチャンスが訪れたときにも、

「どうせ無理だ」

「失敗するかもしれない」

と、いつものようにネガティブな感情に支配されて行動を躊躇《ちゅうちょ》してしまいます。どんなにチャンスがあっても、せっかくの才能を使い切れず、無限の金運を逃してしまうのです。

一度きりの人生です。踏み出す勇気がないまま諦めてしまってもいいのでしょうか。

本気で人生を変えたいなら、積極的な行動が不可欠です。金運を引き寄せるために、まずはこの習慣を変えていきましょう。

積極的な行動力と、ポジティブな思考を養うには、そうしたモデルとなる人の近くにいて真似をするのが一番です。思考パターンと行動に直に触れながら、その鮮やかな成り行きを眺めてみてください。

きっと、下手な映画よりもよっぽど感動や美学があります。いきなり大きなことをせずに、まずは小さな日常の実践を重ねていくことが大切です。

金運のよい開運体質の人のそばにいて、真似をしながら自分なりの目標を設定し、それを達成することで「小さな成功体験」を積み重ねていきましょう。成功体験が増えることで、潜在意識には「自分はできる」、「やっぱりできた」というメッセージが刻まれ、積極的な行動が促進されます。

また、失敗を恐れずに挑戦することが楽しくなってくるのです。そうなったら自然と金運が引き寄せられるようになります。

第6章

金運をアップさせる潜在意識の使い方

「エネルギー×潜在意識」であることを知ろう

繰り返しになりますが、お金とは、一言で言うなら「エネルギー」です。

ただの物質にとどまらず、より豊かさの器のある人のところへ流れていくからです。

お金は、より幸せなエネルギーをまとって循環してくれる人のところに集まって、そしてまた喜びをまとって循環していく性質があります。

お金にも意思があり、お金の神様に愛されないとお金を十分に得ることはできません。

つまり、ポジティブなエネルギーは豊かさを引き寄せる力を持っているということです。

そうしたエネルギーは、私たちの顕在意識ではなく潜在意識にあります。

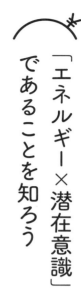

普段意識していない無意識の領域で、自然と生成されているものなのです。

潜在意識は、私たちの感情に敏感であり、ポジティブな感情が増えると、その感情に応じた現実を引き寄せます。

だからこそ、潜在意識においてお金に愛されるエネルギーをつくっていかなければならないわけです。

ここまでで、今まで金欠を憂えていた、お金に縁がないと思ってきた潜在意識を変える方法を紹介しました。

ここからはいよいよ、「金運を呼び込む潜在意識」をつくり上げ、効果的に使っていく具体的な実践方法を紹介します。

金運を呼び込む潜在意識習慣①

気が入ってくる玄関をピカピカになるまで毎朝磨く

運には、次の3つの気があります。

①旺気《おうき》：私たちの運を高める気
②衰気《すいき》：運を衰退させる気
③殺気《さっき》：運気を殺しにかかる気

この3つのうち、運気を上げるために鍵を握るのが旺気なのですが、その入り口である玄関が綺麗で整っていることが必須条件になります。

なぜなら、運の「参道」は玄関だからです。

玄関と下駄箱を綺麗に保つことで旺気が入ってきます。そのため、よりたくさんの旺気を呼び込むためには、玄関に物を置かず綺麗に磨いておきましょう。

反対に、衰期や殺気は、物が多くて家が汚いところを好み、ずっととどまっていようとするので注意が必要です。

金運アップには、**運気（良運：旺気）の入り口、玄関**がポイントです。

余計な物を一切置かずに、いつもピカピカに磨き上げておくことでよい運気がどんどん入ってきます。

特に、入り口である玄関のたたき（靴を脱ぐための土間部分）を磨くことは、自分の出会いや金運、仕事の顔を磨くことと同じです。入り口を綺麗にして、どんどんいいものに巡り合える環境を整えていきましょう。

ポイントは、**毎日こまめに掃除して、綺麗な状態を保っておく**ことです。

本書を読んでそのまま実践いただけるよう、ここで私が実際に普段からしている掃除方法をご紹介します。ぜひ参考にしてみてください。

金運を呼び込む玄関掃除

ステップ① 物を手放す

玄関に、必要な小物は一切ありません。できれば引っ越してきたときと同じ、何もない状態にすべきです。

壁飾り、置物も傘立てもなく、スッキリとした空間にすることを徹底してください。下駄箱に、もう履かない靴をとっておくことも御法度です。右手をブルドーザーにして、すべて手放しましょう。

運気を上げるならまずは手放す。物が視界から消えることで、空間がクリアになり、潜在意識の雑念が消えてスッキリするのです。

新しい出会い、仕事、ご縁、お金を得たいなら、まずは手放してスペースをつくる。これが最短ルートです。

ステップ②　床面積を広げる

物を手放してスッキリとした玄関になったら、次のステップです。靴は運気を上げる大切な乗り物です。そんな大切なものを、玄関のたたきに置きっぱなしにしないでください。

また、いろんな場所を歩き回った靴で帰ってくることもあって、玄関や下駄箱は邪気がたまりやすいです。浄化のために盛り塩か、塩水の入った容器を用意しておくことをおすすめします。靴を下駄箱にしまうとき、靴裏を磨くのもおすすめです。

その際には、

「今日も波動の高いところへ連れて行ってくれてありがとう」

「今日も波動の高い人に出会わせてくれてありがとう」

と、感謝を声に出して伝えながら磨いてください。

そして、物を手放したあとは、床面積をいかに広げるかということに、徹底的にこだわってください。

床面積の広がりは、あなたの才能開花と比例します。物や汚れで覆われていた床がスッキリと顔を出していくほどに、あなたの眠っていた潜在能力や個性、魅力がお披露目されていくのです。

ステップ③　磨く

物を手放し床面積を広げたら、次のステップは磨くことです。スプレーをしてから拭き上げると、浄化もされるため効果的です

私の尊敬する鍵山秀三郎さんは、「床を磨いているのではない、己の心を磨いているのだ」とおっしゃっていました。潜在意識には主語がないのです。まさに、玄関だけでなく家の中のありとあらゆる場所、家具や床、水回りを磨くことで、あなた自身の心も思考も家の中もピカピカになることは間違いありません。ぜひあなたも実践してみてください。

金運を呼び込む潜在意識習慣②

トイレ掃除で神様を喜ばせる

本来、どこの家のトイレにも**「烏枢沙摩《うすさま》明王《みょうおう》さま」**がいると考えられていました。

そのためここでは、金運を上げるためにトイレの神様である「烏枢沙摩明王さま」をいかに喜ばせるかについてお伝えしたいと思います。

これまで私は、運気を上げたいのなら「トイレ掃除をしよう」と提唱してきました。家の中でも特に、トイレという場所をいつもピカピカに磨いて大切にしていると、そこに君臨している烏枢沙摩明王さまが心地よさを感じてとても喜ぶからです。

烏枢沙摩明王さまにとって、少しでも居心地のいい環境にするために、私はこれまで、でき得ることすべてを実践してきました。

例えば、

・毎日トイレ掃除をする（特に朝）
・壁や便器、床を磨いて綺麗に保つ
・トイレのマットを黄色のふかふかな素材のものにしてみる
・時々コーヒーを淹れてお持ちする
・感謝を伝えるなど話しかける
・トイレのフタは必ず閉める

これって意味があるの？　と聞かれることがありますが、私にとっての答えは一つです。
「烏枢沙摩明王さまに少しでも喜んでいただきたい。そのためなら、何でもして差し上げます」

人は、大切にしたものからしか大切にしてもらえません。それは神様でも物でも同じことです。大切な存在を大切にしようと思う気持ちが大事なのではないでしょうか。

金運を上げたい、物が欲しい、いい人に巡り会いたい、健康になりたい……などの願望があるとき、つい私たちは「自分」にベクトルが向いてしまいます。

このようなエゴが進むと、自我の欲求に走って知らず知らずのうちに自滅していってしまうのです。自分がいかにいい物を得て、楽して儲けるか、自分がいかに得をするか。それればかり考えているクレクレ星人が、うまくいかないのはこのためですね。

しかし、誰かや何かを大切にして、喜んでもらいたいと思って行動している人には魅力があります。その行為自体の意味よりも、取り組む心と姿勢が美しいのです。

烏枢沙摩明王さまを喜ばせたい、その一心で、一生懸命床を磨き、感謝を口にして嬉々としている人を見たら、あなたでも好きになりませんか？　神様はそういう人をすぐに見つけて放っておかないのです。

このような理由で、烏枢沙摩明王さまを喜ばせようとすること自体が、結局自分の心や行いの浄化につながり、生き方や考え方自体も美しくすることにつながっていくのです。

金運を呼び込む潜在意識習慣③

瞑想をする時間をつくって雑念を取り払う

雑念を手放して無になれる時間を持ちましょう。そうすることによって感情のコントロールができるようになり、感情のスイッチングが上手になります。

つまり、お金が好きな「ポジティブで穏やかな心」を無意識的につくれるようになるということです。不安や苛立ちに支配されないばかりでなく、お金も呼び込めるとなれば、実践しない手はありませんよね。

とはいえ、瞑想《めいそう》をしたことがない人にとっては、「はい、やってください」と言われても、何から、どうすればいいのかというのもわからないですよね。

そこで、私が実際に毎日習慣化している瞑想方法をご紹介します。何も難しいことはないので、ここをお読みになったら、ぜひすぐにやってみてください。私はこの瞑想を始めてから、どんなことがあってもご機嫌でいることが簡単になりました。

雑念を手放してご機嫌になれる瞑想方法

ステップ① 何もしない時間をつくる

瞑想が難しい人の場合、まずは何もしない時間を1日のうち1分でもいいのでつくってみてください。ぼーっとただひたすらリラックスをして、なんの予定も入れずに、何も考えずに過ごす時間を意図的につくるのです。

不慣れなうちは1分すら難しいかもしれませんが、携帯電話の電源をオフにして、仕事や家族からも一旦離れて、１人になって静かに過ごすような時間を自分に与えてください。それが、あなたにとって最高の瞑想タイムにつながっていきます。

ステップ② 何かに没頭する

とはいえ、多くの人にとって、何もしない時間を持つこと自体が難しいと思います。私もぼーっとしているつもりでも、ついつい仕事やプライベートのやるべきこと、後回しにしていた用事を思い出した瞬間に動き出そうとしてしまいます。

けれどそんなときに、私はジムに行ったり、サウナや氷水のお風呂に入ったりして、「今、ここ」の瞬間に没頭するようにしています。

そうすることで、他のことを全く考えられないくらい没頭する状況を半強制的につくってしまうのです。

するとゾーンに入っているのか、完全な瞑想状態に入ることができます。そういうときに最高なアイデアが降ってきたり、ストレスが発散されて心身がすごくスッキリしたりするのです。

そんな時間すらないという人も、大丈夫です。強めのシャワーを浴びたり、10メートルだけ全力で走ったり、1分だけスクワットをしたりと、何か強めの刺激を得られる行動を短時間でもいいのでしてみてください。

「雑念を払おう」と過度に思っていると余計に雑念が湧いてきてしまうので、雑念に紛れて苦しいときこそ、それを一旦全部忘れるくらいのショックを自分に課して楽しんでみてはいかがでしょうか。

何もしないで悶々としていると、脳や体への血流も滞り、思考も行動もついネガティブになりやすいので、あえて自分から行動を起こしてみるのです。

潜在意識にとって、物理的な状況を動かしてしまうと変化が早いといわれています。思考よりまずは行動。四の五の言わずにやってみてください。

ステップ③　五感に有効な道具を使う

よりクリエイティブでクリアな瞑想状態に入るために大変おすすめなのが、「五感にはたらきかける道具を使う」ことです。

具体的には、

・アロマやキャンドルで空間の見た目や香りを演出する
・マッサージやストレッチをする
・触り心地のいい衣類や寝具を利用する
・美味しい大好物を食べる
・音楽やアファメーションボイスを聞く

などがおすすめです。

それによってより深く潜在意識にはたらきかけ、あなたの眠っていた能力が目覚めてくることもあるでしょう。

なにもそれは、無理をしたり強い刺激を求めたりすることではなく、あなたにとって心地のいいことがポイントです。その方法は、あなた自身がやりたいことで構いません。巷にはさまざまなグッズが売られていますし、専門家もたくさんいるので、上手に周りの人や物に頼ってみてください。

金運を呼び込む潜在意識習慣④

自分の体の「艶と滑り」に注目する

運気のいい人にはみんな、顔に艶《つや》があるというのは鉄板です。顔に艶があるかどうかで、その人の生き方がよくわかるのです。

顔に滲《にじ》み出ているのは、食事や生活習慣、生き方や雰囲気といった、言葉では語れない情報です。物言わぬともわかるその人の魅力は、艶のある顔を見れば一目瞭然《りょうぜん》。潤いと艶のある人生、美意識を忘れない生き方をしていたいものです。

そして、心の状態は顔や肌に表れます。ストレスが少なくポジティブな考えを持てる人は、ストレスを上手に管理し、感情のコントロールを重ねて十分にリラックスできています。顔に緊張や疲れが表れにくくなるだけでなく、血行がよくて運気もよく、人柄のいい人は、自信や品格もあり、それが自然と顔に表れるのです。

ここでは、先ほどご紹介した瞑想以外に、体の艶と滑りをよくする方法をご紹介します。実践してみるとすぐにその違いを実感できるはずです。

体の艶と滑りをよくする方法

自分にとっても、自分自身を綺麗にしておくことはすごく大事なことです。

私が人の見た目で一番大切だと思うのは、相手にとって清潔感があるかどうかです。

また、清潔感だけでなく、服も宝飾品については好きな物をつけて個性を出してもいいと思うのですが、相手にとって不快感を与えるほどの見た目は極力避けたほうがいいですよね。

そのためにも、髪や肌に艶があって、できるだけ綺麗でいることが重要なのです。

ポイント① 定期的に汗をかいて保湿をする

髪も肌も、カサカサしていていいことは一つもありません。毎日お風呂に入って清潔にすることも大事ですが、サウナや入浴、運動などで汗をかいて毛穴の汚れも邪気も疲労も、根こそぎ追い出すことがおすすめです。

何もハードな運動を無理してやらなくてもいいのですが、一駅歩くだけでも軽い運動になり、血行がよくなって汗をかけますよね。そういう日常的な行動から変えていきましょう。健康的であることは見た目に大きく影響するので、よい生活習慣が大事なのです。

ポイント②　たっぷりと化粧水やクリームを使って保湿をする

また、スキンケアにも気を配ってください。

とはいえ、高価なモノを使用する必要はありません。たっぷりと化粧水やクリームを使って保湿をするなど、自分に手間をかけてあげましょう。

カサカサ乾燥肌にならないように気をつけてください。

金運を呼び込む潜在意識習慣⑤

お金に恵まれている自分を演出する

お金持ちはお金を持っている立ち居振る舞いをします。本当の金運とは、「なる前からそうなっているという状態」を演出できる力でもあるのです。

どんなところにいても、その人の品性はその人のオーラとなって、立ち居振る舞いにも表れてきます。その人の波動は、見る人が見たらすぐにわかることがあるそうです。

そのため、お金に恵まれたいと願うあなたにとって大事なことは、すでに今、お金が十分にあって、たくさんの豊かさを享受している自分を演出することです。なりたい姿、叶えたいことがあるなら、いかに、すでに叶ったような自分でいられるかが重要です。なる前からそうなってしまえばいいのです。

例えば、どんなに野球が好きで、才能があり、一生懸命に練習を重ねても、プロ野球選手で活躍できるのはほんの一握りです。さらにアメリカのメジャーリーガーになれるのは至難の業。

メジャーリーガーにまで上りつめたすべての選手に共通するのは、幼少期、野球を始めた頃から、自分は世界で活躍する、メジャーリーガーになるというような明確な目標を持っていたことです。

なりたい姿をより具体的に、ありありとリアルに思い描いて現実味を帯びてきたら、あとはその方法をガイドに従ってたどっていくだけ。金運や、豊かさ、ビジネスの世界でも同じです。

ガイドと言っても、誰か案内人が現れるわけではありません。けれど、不思議なことに、誰かが導いてくれているかのように物事が進んでいくのです。

何より、あなたがどうありたいのか、それをただ決めただけで、具体的な実践法が必ず見つかります。

つまり、「絶対に自分はこうなるんだ」と心に決めると、今までは見えなかったどこでもドアが目の前に現れる。大きな決断をする人ほど、そんな経験をしていくものなのです。

そうしてゴールを決めたら、目の前の小さな実践を重ねていくのみ。その中で、出会いやお金、仕事、知恵など、あなたに必要なモノが必ずベストなタイミングで与えられるようになっています。

私の見てきた本当のお金持ちの方々は、信じられないくらい動作がゆっくりなことに驚いたことがあります。

それで私はよく、「セレブは動きがスロー」とネタにしてYouTubeでも話しているのですが、それはどうやら本当のことのようです。

なぜなら、お金に恵まれていると、いつも余裕があるからです。余裕がある人は、立ち居振る舞いにいつも間《ま》があってセコセコしていないし、いつも穏やかにゆったりとしていられるのです。

例えば、余裕がある人はお茶を飲むときもカップをゆっくりそっと持ち上げて、一口飲んだら、そうっと静かにカップをソーサーに置く。品格のある人は動作に余裕があり、行動の一つひとつがエレガントなんですよね。

その人の生き方が立ち居振る舞いに滲み出ているのだとしたら、もともとお金に恵まれていない人はどうしたらいいのでしょう。

それは、自分がモデリングできそうな人を見つけて、その人の立ち居振る舞いや言動、思考回路を徹底的に真似してみることです。

このことを「マニフェステーション（manifestation）」と言い、願望現実や目標を引き寄せるために、意識的にその達成をイメージし、信じる行為やプロセスを指します。マニフェステーションは、ポジティブな思考やビジュアライゼーション、アファメーションなどを通じて、自分の意識や無意識にはたらきかけ、望む結果を実現させるという考え方に基づいています。

この概念は、自己啓発やスピリチュアルな文脈でよく使われ、引き寄せの法則（Law of Attraction）とも深く関連しています。

引き寄せの法則では、今の自分の思考や行動が、同じ波長の結果を引き寄せるとされているため、まさに「自分がなりたい人になったようなフリをする」ことは、とても理にかなっていると言えます。

では、これを踏まえて、どのように「お金に恵まれている自分」を演出するのか、例をもってご説明しましょう。

「お金に恵まれている自分」の演出方法

ステップ① 「どうなりたいか」のゴールを設定する

まずは、自分がどうなりたいかを決めることでしたね。具体的で実践的であればあるほど、現実が近づいてきます。

例えば、ただ「お金に恵まれている自分」と言ってもぼんやりしすぎているので、次のように細かく考えてみましょう。

・どれだけ収入があるか
・何を生業《なりわい》にしているか
・どんな家に住んでいるか
・どんな風貌で、何を着ているか
・どんな生活スタイルか
・どんな家族構成か
・誰と交友があって、どんな関係性か

このように、自分がどうなっていたら、本当に心から「豊かで最高に幸せだな」と思えるか、しっかりと決める必要があるのです。

ステップ②　すでにそうなっているように振る舞う（マニフェステーション）

すでに今、あなたが「お金に恵まれている」としたら、どのような立ち居振る舞いをするでしょうか。そしてもし、それが未来永劫《えいごう》続くとしたら、あなたはどのような気持ちですか？

どうしたらそうなれるか、ではなく「今そうなっていたとしたら」と想定して、徹底的にすでにそうなっているかのように演じてみてください。

ここで重要なのは、まず、お金を散財するわけでも自己顕示のために着飾るわけでもないということです。

今そうなったかのように、「気分を味わってみる」ことから始めてみてください。お金が十分にあることで、あなたは何を得たかったのでしょうか？　安心感かもしれないし、充足感かもしれません。潤沢な資産で社会に貢献できることだという人もいれば、リラックスしてぐっすり眠れることだと感じる人もいるでしょう。

あなたが「お金に恵まれている」ことで、本当に叶えたかった感情を、まずはじっくり抱いてみることをおすすめします。

金運を呼び込む潜在意識習慣⑥

ご機嫌な時間を増やしていく

金運を引き寄せるためには、日常の中でご機嫌な時間を増やすことが重要です。

ご機嫌な時間とは、心が喜びや幸せで満たされる瞬間のことを指します。

繰り返しになりますが、潜在意識は私たちの感情やエネルギーに大きな影響を受けています。日常の中でポジティブな感情を抱くご機嫌な時間を増やすことで、ポジティブなエネルギーが増幅され、潜在意識にそのメッセージが送り込まれます。それにより金運を呼び込むことができるのです。

ここでは、ご機嫌な時間を増やすための具体的な方法とその効果について考えてみましょう。

①感謝の習慣を持つ

ここまででも何度かご紹介した通り、感謝の気持ちを持つことが何よりも大切です。それによって、ご機嫌な時間も増やすことができます。日常の中で感謝することを見つけ、その感謝の気持ちを言葉にすることで、ポジティブなエネルギーが増幅されます。

例えば、「今日は天気がよくて気持ちがいい」「友人が助けてくれてありがたい」といった小さなことに感謝することで、ご機嫌な時間が増えます。

②感謝日記をつける

そして、感謝を持つことを習慣化するためにも、その感謝の気持ちを実際に日記につけることで、ご機嫌な時間が目に見えて増えていきます。毎日、感謝することを3つ書き出すことで、ポジティブなエネルギーが増幅されるのです。日常の中で感謝の気持ちを感じやすくなるのですね。

感謝日記をつける上でポイントになる視点は、つい当たり前で、無意識になってしまうような小さなことにこそ、意識を向けてみることです。

感謝感動することは、日常生活の中に無限に満ちあふれています。

「感謝することってなんだろう」と探し始めると、ついつい私たちは、非日常的な何か特別な出来事、幸運に恵まれたポジティブでラッキーな出来事を思い出そうとしてしまいます。

でも本当に大事なことは、いつもはごく些細《ささい》なことに隠れているものです。今まで気づかなかった「当たり前」のような奇跡に「気づく」視点なのです。些細なこと、当たり前と思うようなことの中に、感謝感動するべきことがあふれています。

当たり前に命があって、体があって、帰る家があって、健康があって、家族がいて、食べ物にもさほど困っていない。一つでも当てはまるのだとしたら奇跡でしかありません。一つもお金では絶対に買えないものばかりだからです。

だとしたら、「それこそが今まで全く見えていなかった感謝すべき奇跡の連続だ」という視点を持つだけで、あなた自身の持っているもの、恵まれてきたことがどんどん見えてくるはずです。

ここで大事なポイントは、本当に感謝するべきことに「気づく」ことから始まるという点です。

③ポジティブな人と過ごす

ご機嫌な時間をつくる即効性が高いのは、ポジティブなエネルギーを持った人と過ごすことでしょう。そうした人と接することでポジティブなエネルギーが自分に伝染し、ご機嫌な時間が増えます。友人や家族、同僚など、ポジティブな影響を与えてくれる人と積極的に時間を共有し、楽しい会話や笑いを通じて、ポジティブな感情を抱くことができます。

④趣味や好きなことを楽しむ

自分が好きなことや趣味を楽しむ時間を持つことでも、ご機嫌な時間は増えていきます。例えば、読書や映画鑑賞、スポーツやアートなど、自分が楽しめる活動を積極的に取り入れることで、心が満たされ、ポジティブなエネルギーが増幅されます。

⑤自然と触れ合う

自然の中で過ごす時間を持つことも、ご機嫌な時間を増やすためには有効です。日々の仕事で忙殺され、街中の喧騒《けんそう》に疲れているときには、散歩やハイキング、ピクニックなど、自然と触れ合うことでリラックスし、心が癒やされます。自然の中で過ごすことで、ポジティブなエネルギーが増幅され、金運を引き寄せる力が強化されます。

このようにしてご機嫌な時間を増やすことで、ポジティブな思考が増えてストレスが軽減されます。すると人間関係が良好になり、自己肯定感も高まるのです。

金運を呼び込む潜在意識習慣⑦

金運を上げる口癖

繰り返しになりますが、あなたが日常的に使う言葉は、あなたの潜在意識の産物です。そして、その背後には深い潜在意識が関わっています。ことお金に関しては、とても顕著に表れるのです。

金運を引き寄せるための口癖を身につけ日常的に取り入れることで、潜在意識にポジティブなメッセージを送り込み、金運と豊かさを引き寄せる力を強化できます。

ここでは、金運を上げるための具体的な口癖とその効果について考えてみましょう。

あなたは日常生活の中で、「お金がない……」という言葉を何度も口にすることはありませんか？　お金に困っている人の口癖にとても多いのが、

「お金がない」

「金欠だ」

「お金がぜんぜん貯まらない」

「お金に縁がない」

といった言葉です。

これらは一見すると、その人の困った現実をそのまま表現しているように思えるかもしれません。しかし、実はその言葉が出る前に、すでに潜在意識の中に出来上がったイメージがあることに気がついていません。


それがどれだけあなたの潜在意識に大きな影響を与えているのか、いい加減に気づいたほうがいいのです。

今、目の前に払われているお金は（たとえそれがカード払いだったとしても）、その声を聞いて、「ない」というエネルギーを浴びています。完全にそこに存在しているのに、いない存在として扱われているのです。


例えば、何かの請求書を受け取って支払いをするときにも、その人は

「ああ、お金がない、お金がない」

と口にせずとも心の中で思いながらリフレインしています。

目の前で、お金を払っているのに「ない」と言っている状態です。

こうしたネガティブな言葉は、主語がない潜在意識の観点で考えると、「ない」「足りない」という意識を落とし込むのに一役買ってしまいます。

そして、お金そのものを否定する悪口となってしまいます。悪口を言う人のそばには、誰だっていたくありませんよね。

だから、「お金がない」といった金欠を憂える言葉は、金輪際使わないようにしてください。

そういうネガティブな言葉が、どのように潜在意識に影響を与え、豊かさを遠ざけていたのか、そしてそれをどう改善するかについて考えてみましょう。

潜在意識には、あなたの放つすべての思考や言葉が刻み込まれていきます。お金に対してネガティブな言葉や思考が多いと、当然その影響で、あなたの思考や行動が制限され、結果として本当にますますお金がない状況を引き寄せてしまうのです。

自分自身の価値や能力に対する評価も低下してしまうので、

「自分はお金を稼ぐ能力がない」

「お金を手に入れる価値がない」

といったネガティブな思考がさらに潜在意識に刻まれ、どんどん悪循環になります。


でも本当に、ちょっとしたことで現実は変えられるので、まずは普段から意識的に言葉を変えていきましょう。

お金に対するネガティブな言葉をポジティブな言葉に変えることで、潜在意識にポジティブなメッセージを送り込むことができます。

例えば、

「私はお金を引き寄せる力を持っている」

「私は豊かさに満ちている」

「私はお金稼ぎの天才です」

「お金に愛されちゃってます」

といった言葉を毎日繰り返すことで、潜在意識がそのメッセージを受け取り、現実に反映されるようになります。

①「ありがとう」

感謝の気持ちを持つことは、金運を引き寄せるために非常に重要です。お金に対しても感謝の気持ちを持ち、「ありがとう」と口にすることで、潜在意識に感謝のメッセージが送り込まれます。

例えば、給料日には「このお金に感謝しています」と心の中でつぶやくことで、感謝の気持ちが増幅され、金運を引き寄せる力が高まります。

②「無限の豊かさが広がっている」

「豊かさが広がっている」と口にすることで、潜在意識に豊かさを引き寄せるメッセージが送られます。

例えば、「私の周りには豊かさが広がっている」「豊かさがどんどん増えている」といった言葉を繰り返すことで、豊かさのエネルギーが増幅されます。

③「お金はエネルギー」

お金を単なる紙幣や硬貨ではなく、エネルギーとして捉えることで、金運を引き寄せる力が高まると先ほどもお伝えしました。「お金はエネルギーであり、自由に流れている」と口にすることで、お金の流れがスムーズになり、金運が向上します。

④「私はお金を引き寄せる力を持っている」

自分自身に対してポジティブなメッセージを送り込むことで、金運を引き寄せる力が強化されます。「私はお金を引き寄せる力を持っている」と繰り返し口にすることで、自信が高まり、豊かさを引き寄せる力が強化されます。

⑤「すべてはうまくいっている」

ポジティブな未来を信じることで、金運を引き寄せる力が高まります。「すべてはうまくいっている」「私はいつも成功している」といった言葉を口にすることで、ポジティブなエネルギーが増幅され、金運を引き寄せる力が高まります。

ご紹介した口癖は、あくまでも一例です。言葉には力が宿るので、ご自身で考えられた「自分をポジティブにしてくれる口癖」を積極的に探してみるのもおすすめです。

金運を上げるためのポジティブな口癖を意識して使い、豊かさと幸運を引き寄せる力を高めていきましょう。

お金に接するときの潜在意識習慣①

金運を上げるお金への接し方

お金や豊かさを引き寄せるためには、お金に対する態度や接し方が非常に重要です。お金を大切にすることは、潜在意識に対しても大きな影響を与えます。

まずは、お金に対する敬意や感謝の気持ちを持つことです。お金は単なる物質的な紙幣や硬貨ではなく、私たちの生活を支える重要なエネルギーです。そのエネルギーを大切に扱うことで、潜在意識に対してもポジティブなメッセージを送り込むことができます。具体的な方法を紹介します。

①小銭を洗って綺麗にする

小銭を丁寧に洗いながら、お金に対する感謝の気持ちを込めて磨き上げてピカピカにしましょう。

重曹とクエン酸を混ぜたぬるま湯にしばらくつけて、キューブ状のスポンジでよく磨いてください。小銭をピカピカに洗うことで、エネルギーが浄化され、循環がスムーズになり、豊かさを引き寄せやすくなります。

②お札は向きを揃えて綺麗に財布に入れる

お財布の中のお札も重要です。お札を揃えることで、スッキリ整然とした気持ちが生まれ、金運が向上します。お財布に入れる際も、折れないように注意して入れてあげてください。

③夜はお財布を磨いて、専用の布団で包む

お金だけでなく、お金を入れるお財布にも気を配りましょう。人間だって、汚い場所にいると気持ちが明るくはなりませんよね。1日の終わりにはお財布を綺麗に磨いて、さらに専用の布団で包んで寝かせてあげてください。

財布はお金の家ですので、常に清潔に保つことが重要です。財布を定期的に掃除し、不要なレシートやカードを絶対に入れないようにしてください。今、あなたの財布を目の前に置いて、財布の中のお金にこう聞いてみてください。「またこのお財布に戻ってきたいと思いますか？」と。

④お金に感謝の言葉かけをする

お金を使う際には、感謝の気持ちを持つことが重要だと先ほどお伝えしました。その気持ちを、実際に言葉にしましょう。

例えば、買い物をする際には、

「お金さん大好きだよ、感謝しています」
「またたくさんのお友達や家族と一緒に帰ってきてね」
と話しかけることで、お金はとても喜びます。

このようにしてとにかくお金を丁寧に扱うことで、潜在意識に対してもお金を大切にするメッセージが送られます。

潜在意識には主語がないので、お金を大切に扱うことはあなた自身を大切にすることにつながるのです。

感謝の気持ちを持ちながら、楽しく金運や商売運を向上させていきましょう。大切にしたものから大切にしてもらえる。だとしたら、お金を大切にすることで、お金もあなたを大切に慕ってくれるようになります。

すべての物質に共通することですが、お金にも意思があるといわれています。つまり、お金も自分の使われる用途や目的には関心があり、好き嫌いがあるということです。

豊かな人生を築いていくためには、お金と仲良く、相思相愛でいきましょう。

お金に接するときの潜在意識習慣②

本当のお金持ちの「長者さま思考」と「お金の使い方」

お金持ちの「長者さま思考」

「お金持ち」という言葉を聞くと、大金を稼いで、豪華な邸宅、高級車、そして華やかな映える生活をイメージする人も多いかもしれません。

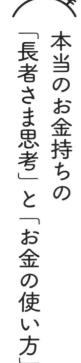

しかし、本当の意味での「お金持ち」――すなわち「長者さま」と呼ばれる人々は、ただ単に財産を所有しているだけではなく、そのお金を社会全体のために活用し、経済を動かし、人々の生活を豊かにするために貢献してきた偉大な存在です。

そういう人は、私たち平民には気づかないところで、大きな事業を成功させ、たくさんの従業員の雇用を生んで、自己実現を叶え、給料を払い家族までも養えるようにしてくれました。また、その事業の収益でいろいろな寄付をしたり、多額の税金を納め、公共施設や社会福祉、公共サービス、公道などを間接的に整えたりするなど、世のため、人のために大きな貢献をしてくださっています。

昔は、そういう経済力のある人のことを「長者さま」と呼んで、みんなが憧れ、慕っていました。

単に多額の財産や資産、金銀財宝、社会的地位を持っている人を指すのではありません。長者とは、その財産を持っているだけ、個人的な利益を追求するだけではなく、それを社会のために循環させ、社会全体が豊かになるように資金を投じ、経済に影響を与えてきた人々です。

自分の仕事が誰かの役に立って、喜んでもらったことで収益を上げられたなら、そのお金はみんなのおかげさまだからと、また社会に循環させていく――という黄金のサイクルを、密かに動かしていた人々です。

自らの財産はもはや、自分のモノとは思っていないのです。「お金は天下の回りもの」とはまさにこのことです。経済を発展させ、社会にお金を循環させて貢献することを使命としていたようです。

例えば、２０２４年に日本国の新１万円札に採用された渋沢栄一氏は「道徳経済合一説」を唱え、道徳と経済は一体であるべきだと説きました。彼は、資本主義を推進しながらも、その資本を社会のために使うことを重視したのです。

「長者さま思考」とは、単なる財産の蓄積や自己利益の追求ではなく、社会全体の繁栄を考え、そのために自らの資源をどのように活用するかを考える思考です。それにより、経済活動を通じて人々に幸せをもたらすことを目指して、持続可能な社会全体の発展に寄与することを重要視するようにもなります。

お金は出口、という言葉があるように、大切なのは使い道。いかに美しく旅立たせていくのかなのです。どうすればより多くの人々が幸せになれるのかを常に考え、そのための行動を実践するのです。

そこで私たちはどうでしょうか。今持っている財産がいくらとか、才能や家柄がどうとか、そういうことはどうでもいいのです。私たち自身がそんな長者思考を少しでも取り入れ、社会全体のために、自分に回ってきたお金をどのように活用できるかを考え、実践することで、よりよい社会の実現に貢献することができます。

お金を持つことは目的ではなく、そのお金をどのように美しく旅立たせるのかが重要なのです。そこが、本当の意味での豊かさを生む鍵となるのです。

潜在意識の深いところで、私たちみんなはつながっています。この共通の想念の部分に、みんなで豊かさを分けあって、みんなで豊かになっていこうという思いがたまればたまるほど、私たちみんなは豊かに幸せになっていくのではないでしょうか。

ぜひあなたも、自分に巡ってくるお金をいかに循環させるか、いつも意識を向けて答えを探して、どんどん実践してみてください。

お金は出口戦略！　長者さまの「お金の使い方」

とにかく豊かさを引き寄せる人々は、お金の循環を常に意識しています。彼らは、先ほど少し紹介した、「お金を使うことでそのエネルギーが巡り巡って自分のもとに戻ってくる」ということを深く理解しています。

そのため、お金を使う際には、その使い方がどのように自分や他人に影響を与えるかを考え、ポジティブなエネルギーを生み出す使い方を心がけています。

また、成功者や豊かさを引き寄せる人々は、投資と消費（浪費も含む）の違いを理解しています。彼らは、お金をその場限りの対価、単なる消費のツールではなく、将来のリターンを見込んだ投資として使います。

例えば、自己成長のための教育やスキル習得への投資、ビジネスへの投資、不動産などの価値のあるものへの活用、人間関係を築くための投資など、将来的に豊かさをもたらすための使い方をするのです。

具体的な投資の例を参考までに挙げてみましょう。

①自己成長への投資

成功者は、自分自身の成長にお金を使います。新しいスキルを習得するための講座やセミナーに参加し、知識や経験を積むことで、将来的に大きなリターンを得ることができます。

②ビジネスへの投資

ビジネスにお金を投資することで、将来的に収益を上げることができます。新しい事業を立ち上げるための資金や、既存のビジネスを拡大するための投資など、ビジネスの成長に貢献する使い方をします。

③人間関係への投資

良好な人間関係を築くためにお金を使うことも重要です。友人や家族との時間を大切にし、感謝の気持ちを表すためにお金を使うことで、人間関係が豊かになります。信頼と絆を築くことで、将来的にさまざまなサポートやチャンスを得られます。

このように、お金が仲間を連れてかえってくる人々は、お金の循環や投資と消費の違いを理解し、ポジティブなエネルギーを生み出す使い方をしています。

また、お金を使う際には誠実であること、信頼を築くのも大事なことです。ビジネスや個人の取引においても、誠実な対応をすることを心がけましょう。お金や関わる相手に対して正直であり、公正な態度を持つことで信頼関係が築かれます。人やお金との信頼関係が築かれることで、豊かさを引き寄せる力が強化され、結果としてお金が仲間を連れてかえってくるのです。

お金に接するときの潜在意識習慣③

豊かさを素直に受け入れる

私たちには、他人からの好意や贈り物を受け取ることに対して、つい遠慮したり、拒否したりしてしまうことがありますよね。特に、お金に関することとなると、

「申し訳ない」

「自分にはふさわしくない」

「分不相応だ（こんなにもらえない）」

などと感じて遠慮してしまうこともあるでしょう。

しかし、豊かさを受け取ることを拒否するのは、実は傲慢《ごうまん》な態度であり、自分自身の成長や他人との関係に悪影響を与えることがあります。

あなたに巡ってくる豊かさ、お金はあなただけのものではありません。いずれ循環

していく豊かさのエネルギーなのです。他人からの好意や贈り物、お金を受け取るのを拒否することは、自分自身の成長や幸福感に悪影響を与えるだけでなく、他人との関係にも悪影響を及ぼすことがあります。

考えてみてください。他人からの好意や贈り物を受け取ることは、その人の感謝や愛情を受け取ることでもありますよね。つまり、受け取り拒否をすることで、その感謝の気持ちを無視してしまうことになり、結果的に相手に対して失礼な態度を取ってしまうことになります。

また、もしお金や贈り物を受け取らないような場合、それは自己価値を低く評価しているということになります。

「自分にはふさわしくない」
「こんなにいただくわけにはいかない」
と感じることで、自己評価が低下し、自己成長の機会を逃してしまいます。
お金や豊かさのエネルギーは、循環することで増幅されるものです。受け取ることを拒否すると、そのエネルギーの流れを阻害してしまい、自分自身や周囲の豊かさを制限してしまうことになるのです。

豊かさを受け取るためにはまず、やはり感謝の気持ちを持つことが大切です。他人からの好意や贈り物、お金を受け取る際には、必ず「ありがとうございます」と素直に喜び、感謝の言葉、笑顔、最大のボディランゲージで伝えることで、相手の気持ちを尊重し、自分自身の心も豊かになります。

また、豊かさを素直に受け入れると自分の価値を認めることにつながります。他人からの贈り物やお金を受け取ることを通じて、

「自分はこの贈り物にふさわしい」

「自分は豊かさを受け取る価値がある」

と、自己肯定感を上げるように考えましょう。そうして自分の価値を認めることで、より多くのチャンスや豊かさを引き寄せやすくなります。このような些細なことにさえ意識することで現実が少しずつ変化していくのです。

さらに、与えることと受け取ることのバランスを取るのも大切です。

もらってばかりではなく、きちんと自分も感謝の気持ちを何らかの形にして送りましょう。他人に対して与えることが多い人は、受け取ることにも積極的になれば、エネルギーのバランスを保てます。

与えることと受け取ることのバランスを取ると、豊かさのエネルギーがスムーズに循環するのです。

なお、他人からの贈り物やお金を受け取る際には、無条件で受け取ることが大切です。

「自分も何かを返さなければならない」

といった条件をつけずに、まずは素直に感謝して受け取ることで、エネルギーの循環がスムーズになります。自分自身の心も軽くなり、豊かさを感じやすくなりますよ。

お金に接するときの潜在意識習慣④

今の自分の「豊かさの器」を把握する

生まれ持っての豊かさや才能、扱えるお金の量は、実は自分自身の器にかなったものであることが多いのです。つまり、今の自分にとってちょうどいい分だけの豊かさが巡ってきているのです。

器が小さいと、その分だけの豊かさしか受け取ることができませんが、器が大きくなると、より多くの豊かさを受け取ることができます。今の自分にちょうどいい分だけの豊かさを受け取ることで、バランスの取れた生活を送れます。

そのためにはまず、自分の器を認識することが重要です。

自分の現在の生活状況や収入、資産を見つめてみましょう。そして、それは自分にとってちょうどいい量であることを理解し、感謝することで、心のバランスが取れます。自分の器を認識することで、今の豊かさに満足し、感謝の気持ちを持つことができるのです。

本来は自分の器以上に望む必要もないし、不足もないはずです。もしそのバランスが崩れていると感じるなら、自分の器を認識し、今持っているものに感謝した上で、その豊かさを十分に受け入れることが大切です。

不足感を抱いている人は、自分の器や今持っているものに目が行き届かず、もらうことばかり考えているクレクレ星人です。与えることができる人は、十分に自分が持っているということを認識できているのです。まずは自分から、小さなことでもいいので他人に対して「与える」ことを実践してみてください。物をあげる、声をかける、優しい気持ちでお手伝いをするなど、できる範囲で構いません。

誰かに親切にしたり、感謝の気持ちを持ったりすることで、ポジティブなエネルギーが巡り巡って自分にかえってきます。他人を喜ばせることで、自分自身の心も豊かになり、器が広がるからです。

また、健全なリスクを取る勇気を持つことで、器を広げることができます。

健全なリスクとは、例えば、新しいビジネスに挑戦する、異業種に転職する、新しい趣味を始めるなどです。つまり、自分の可能性を探って広げるための挑戦ですね。リスクを取ることは怖いかもしれませんが、その先には成長と豊かさが待っています。健全なリスクとチャレンジこそ、あなたの無限大の可能性を広げるのです。恐れを今こそ手放し、一歩踏み出す勇気を持っていきましょう。

そして自分の器にかなった成功をイメージしてください。他人と比べたり、誰かと争ったりする必要もありません。

ビジュアライゼーションを活用し、五感（視覚、聴覚、触覚、味覚、嗅覚）をフルに使って具体的な成功のイメージを持つことで、潜在意識にポジティブなメッセージを送り込みます。自分自身の器が自然に広がっていきますよ。五感を使いこなせるようになると、第六感の直感が冴えてくるようになるのです。

WORK

今の自分の「豊さの器」を知るワーク

自分の現在の生活状況や収入、資産を書き出してみましょう。それが今のあなたに見合った豊さです

エピローグ

私の潜在意識にかけられた魔法の言葉

大人用の自転車にまたがり、八王子の商店街で新聞配達をしていた幼い私に街の人は本当に優しくしてくださり、おやつやお小遣いも与えてくれました。

ある冬の寒い日のことです。新聞配達をして回っていると、とある病院の看護師長さんが私に駆け寄ってきて、にっこりとこう言いました。

「あなたはいつもいつも笑顔で元気よく挨拶ができてえらいわね」

私は、大人を見かけるとなんとなく大きな声で挨拶をするのを欠かさずに実践していたのです。当時は大きな自転車のカゴに積んだ新聞が重すぎて、今にも挫《くじ》けそうな自分を鼓舞するためだったのかもしれません。

ぼんやりその言葉について考えていると、看護師長さんは続けてこう言いました。

「あなたはいつも、笑顔で元気よく挨拶をしながら新聞配達をしているけど、それはお母さんに教えてもらったの？　それとも他の誰かに教えてもらったの？」

そう聞かれて私は、なんでそんなこと聞くんだろうと思いながら答えました。

「誰にも教えてもらってないです」

すると、その看護師長さんはえらく感心した様子で、私の頭を笑ってなでてくれました。そしてまた一言。

「へえ！　すごいね、えらいわね。将来、あなたは絶対にすごい人になるわよ」

忘れん坊の私が今でもそれをハッキリと覚えているのは、なかなか珍しいことなのですが、当時の貧乏で孤独だった私にとってはとても印象的で、あまりに温かな経験だったのでしょう。そのときに、その言葉が私の潜在意識の奥深くに染み渡ったのではないかと思うのです。

大人になってからもいろんなことがありましたが、このときに看護師長さんがかけてくれた「あなたは絶対にすごい人になれる」という優しい一言が、私の人生を大きく動かし、これまでも後押ししてくれたように思います。

このように、たった1人との出会いや、誰かからかけてもらった一言が人生を変え得ることがあります。出会いは一瞬ですが、そんな出会いを自分自身にも、そして周りの人にも提供できるような人になっていけたら、あなたはきっと誰よりも豊かな人生を自分につくってあげられる人になります。

人生にいいことを降りかけるのは、いつでも自分自身であること。そして普段は気にも留めない私たちの潜在意識には、無限の可能性があることを、本書を通して多くの人に知ってもらえたのなら嬉しいです。

私は毎日の実践で、いつでも「ゼロか100か」を意識しています。

やるならやる、やらないならやらない。中途半端な実践は、中途半端な人生にしかならない。目の前のことに取り組むときは、一生懸命、自分がやるべきことをやり尽くして、いろんな人のために喜ばれ、役に立てるように精進するのが一番の優先事項です。

人は自分の思った通りの人生を一生懸命叶えようと日々努力を重ねていきます。その過程で学ぶことや得ていくこと、たくさんの人を巻き込んで実現できることはもちろんあるでしょう。

しかし、私が一番人生にとって大事であり、面白いなと、すごく生きがいを感じるのは、自分が思っても願ってもみなかった想定外な現象が降りかかることです。しかもそれは、自分が考えてもいなかったけれど潜在意識の奥底ではきっと叶えたかったことであり、一番出会いたかった人に出会えるようなことなのです。

あなたもそのような想定外の人生を生きてみませんか。

運気が上がると、夢が叶うのは当たり前のことになっていきます。しかし、私たちが一番目指すべきは、思っても願ってもみなかった想定外の人生が、数珠つなぎにどんどん叶っていくことなのです。

自分の才能を無限に発揮しながら、多くの人を幸せに巻き込んでいくことが、本当の金運を持った人の生き方、あり方ではないでしょうか。

そのためには、他力本願ではなくて、あなた自身が今やるべきことを精一杯、目の前の人の心に火をともし、目の前のことに全力を尽くすこと。そして、やるべきことはすべてやった上で、執着を手放し、あとは天に委ねるということがとても大切になってきます。

そういう意味で、あなたの潜在意識にすべてを委ね、人事を尽くして天命を待つ——。そのような姿勢でいられたら、無敵になれると思うのです。

聞くだけで潜在意識を活性化×金運上昇!

願望実現を叶える
櫻庭露樹の誘導瞑想音楽
ダウンロード特典

CMミュージックなども手掛けている松果体ミュージックのスペシャリスト、Lenaさんと櫻庭露樹の豪華コラボが実現!

ビートルズの手法を取り入れ、烏枢沙摩明王さま(金運)の波動も封入!

この誘導瞑想を聴きながら、本書の瞑想方法を試してみてください。

すると、みるみるうちに金運がUPしていくはず……!

ダウンロードはこちらから↓
https://movie.sbcr.jp/nzNkjsS5/

おわりに

最後までお読みいただき、誠にありがとうございます。

私は今まで、ご縁あって何冊か本を出させていただきましたが、今回は今まで意識していなかった私の「潜在意識」を取り上げました。潜在意識は普段意識していることではないので、私自身、フォーカスするまではその存在にすら関心がありませんでした。

生まれてからこれまで、たくさんのつらく悲しいことがあって、いろんなことを考えながら生きてきた——。みんなそうだと思うんです。

普段、なんとなく考えていること、口にしている言葉、周りに発しているエネルギーや行動など、そういう小さな積み重ねが、潜在意識に積もっていって今の現実をつくっているのです。

そして、本書のメインテーマは金運で、これは私の人生のメインテーマでもあります。

24歳で一念発起し、1300万円の借金をして起業したあのとき。私はビジネスに関してズブの素人でしたが、成功するビジョンはいつも明確に持って走ってきました。あれから30年以上の月日が経過し、紆余曲折《うよきょくせつ》はあったものの、私自身は当初のあの状態から考えたら、まあよくここまでやってこられたなと、我ながら拍手喝采、スタンディングオベーションの気分です。

もちろん成功の形は人それぞれ、答えは一つではありません。でも本当に、自分でも想定外の連続で、夢とも思わないうちから夢のような現実を次々と叶えてこられたことに、本当に感謝しています。

その根源にある力、パッションは一体なんだったのかなあと振り返ると、やはり潜在意識の力だなと思うのです。

私なりの成功法則があるとするならば、どんなときでも自分に正直に、本当の自分の気持ちや感覚に従ってさまざまな選択をしてきたことです。

そのかわり、やるからには全力で、目の前のことに命をかけてやってきました。

人生の選択肢はいつも2つしかありません。やるか、するか（笑）。

いいえ、正確には、やるならやるし、やらないならやらない。ゼロか100かです。

今の状況がどうとか、お金がない、自信がない、自由がない、時間がないとか、そんなことは私にとってはどうでもいいことです。

「幸せなお金持ちになりたい」

「毎晩トリプルワークに疲れ果てるお母さんに、大きな白い家を買ってあげたい」

そんな大きな志を胸に、水澄《みず》ま《す》しのような瞳を輝かせた9歳のあのとき。それから20年後にはその夢を叶えました。もしあのとき自分の現状だけにとらわれていたら、お金持ちになろうなんて1ミクロンも思い描けなかったはずです。それが叶うような裏付けが、あのときの目の前にはあまりに何もなさすぎて、とっくに諦めていたでしょう。

けれど私は、立ち上がって新聞配達を始めたのです。大好きな野球も諦めなければならず、いつもお腹を空かせていたけれど、私がいずれたどり着くであろう豊かな未来を信じ切りました。

そして、叶うための理由を探しながら、自転車をこぎ始めたのです。

行動に移せるということは、未来を信頼することでもあるのかもしれません。

「絶対に叶えられる、叶えてみせる」

と、ぼんやりとはしていたけれど、私の小さな胸には、叶ったときの喜びや、母の喜ぶ顔がすでに見えていました。

ただそれだけの純粋な気持ちが、私をここまで連れてきてくれたのです。

そう考えると、夢が叶う、想定外の人生は、「今」ここにすでにあるものの延長にすぎないのではないかと思います。

本書を通してお伝えしてきた目指すべき「金運」や「豊かさ」とは、ただ単に物質的な豊かさや財産を得ることではありません。本当の豊かさとは、あなた自身の中にある創造力を生かし、その力を使ってどれだけ周りの人々や社会の幸せに貢献できるかにかかっています。

そしてその創造力は、あなたの潜在意識の中に眠っているのです。

私たちは皆、生まれながらにしてものすごい可能性とポテンシャル（潜在能力）を持っているのです。すでに生まれたときから、無限の可能性と豊かさを持っています。お金で買えない命も体も魂も与えられています。

私たち1人ひとりは、生まれながらの大富豪。

しかし、日々の忙しさや、経験からくる思い込み、ついつい抱えてしまった不安や恐れによって、私たちは自分自身の本当の力を忘れ、本当の声に気づけなくなっていることが多いのです。

それでも、潜在意識を意識的に活用し、その力を解放することで、もともと自分の中にあった無限の創造力に気づき、現実に反映させることができるようになります。

そう、思い出すだけでいいんです。

本書でお話ししてきた「金運力」や「長者さま思考」などの考え方は、あなたの内側にある潜在意識から創造力を引き出し、それを社会に還元するための方法論です。

お金や財産は、そのための手段であり、目的ではありません。大切なのは、あなたがどれだけの豊かさを社会や他人と共有できるか、そしてその豊かさをどれだけ持続的に循環させていけるかということです。

そして本来、一番の豊かさは、お金では買えないようなところにあるものなのかもしれません。

これからも私は、物質的な成功だけでなく、社会に還元するお金の出口戦略を実践しながら練っていきたいと思っています。

あの世にお金は持っていけませんが、本当の意味での豊かさを分かち合った経験・体験・思い出は持っていけますからね。

そういう意味では、本当の「長者さま思考」をいかに現実化していくかが、私にとって目指すべき道の一つです。

お金を大切にすること、感謝の気持ちを持つこと、そしてお金を通じて何を実現したいのかを常に意識することが、潜在意識を活性化させ、金運や豊かさを引き寄せる鍵となります。

そして、その豊かさをどのように社会や他人と共有するかということが、人生をより豊かで意義深いものにするでしょう。

もし本書の内容に共感してくれたなら、あなたはこれから、潜在意識を味方にし、自分自身の中にある創造力を信じてください。そして、その力を使って、あなた自身の人生だけでなく、周りの人々や社会全体をも豊かにすることを目指していってください。

そしてその過程はいつも、あなたにとって本当に「楽しい」、「ワクワクする」、「嬉しい」ものであるはずです。

その先に、あなたが本当に欲しかった豊かさの答えが見つかるのではないでしょうか。豊かさの答えは、あなたの中に見いだすものだからです。

もしかすると、その未来へ向かう過程の中において、「今ここ」にその豊かさは現実化しつつ、いつもあなたと共にあって、すでに叶っているかもしれません。

それぞれが自分自身の豊かさにあふれ、みんなでそれらを分かち合って、素晴らしい未来をつくり上げていけたら嬉しいと思います。

あなたの潜在意識は、無限の力を持っていて、いつもあなたを幸せなお金持ちにしたがっているのです。

あなたの人生がこれからもより素晴らしいものであるように、あなたの潜在意識を存分に生かして、これからも豊かな人生を歩んでいけるよう、心から応援しています。

アディオス。またどこかでお会いしましょう。ありがとうございました。

想定外のよき人生を！

2024年　10月吉日

櫻庭露樹

著者略歴

櫻庭露樹（さくらば・つゆき）

開運 YouTuber／事業家／講演家
青森県三沢市生まれ。幼少期の極貧生活により、小学３年生から朝刊夕刊の新聞配達や営業をこなし、小学生時代に稼いだ金額は１千万円。24歳で起業後、フランチャイズの店舗経営を経て、水晶天然石の専門店「AMERI」をオープン。現在は複数の会社で事業展開の他、大企業の社外取締役などを複数務める。一方で、世界の富裕層やスーパーセレブに幅広い人脈を持ち、愛される強運の持ち主。縁ある成功者から直接学んだ開運技術を自らが実験台となって実践し、効果があったものだけを親しみやすい言葉と独自の世界観を通して披露している。「本当に奇跡が起こる！ 夢が叶う！」と瞬く間に人気を集め、登録者数28万人の YouTube チャンネルやオンラインサロン、全国の講演でも人気を博している。
著書に、『８割を手放したらすべてうまくいく！ 全捨離』（フォレスト出版）、『金運が爆上がりするたこ星人の教え』（KADOKAWA）、『天下無敵のご縁術 誰でも開運体質になれる生き方』（幻冬舎）などがある。

20年《ねん》の実践研究《じっせんけんきゅう》でわかった！
一瞬《いっしゅん》で金運《きんうん》を呼《よ》びこむ「潜在意識《せんざいいしき》」の使《つか》い方《かた》

2024年12月13日　初版第1刷発行

著　者　櫻庭露樹《さくらばつゆき》
発行者　出井貴完
発行所　SBクリエイティブ株式会社
〒105-0001　東京都港区虎ノ門2-2-1
ブックデザイン 装丁イラスト　別府拓（Q.design）
本文イラスト　さかがわ成美
D T P　株式会社キャップス
校　正　有限会社あかえんぴつ
編集協力　大坪美穂
編　集　石島彩衣（SBクリエイティブ）
印刷・製本　中央精版印刷株式会社

本書をお読みになったご意見・ご感想を
下記URL、またはQRコードよりお寄せください。
https://isbn2.sbcr.jp/27928/

ISBN978-4-8156-2792-8